PETITE

# GÉOGRAPHIE

## MODERNE,

A L'USAGE DES ÉCOLES PRIMAIRES,

PAR F^x ANSART,

PROFESSEUR D'HISTOIRE ET DE GÉOGRAPHIE AU COLLÉGE ROYAL DE SAINT-LOUIS, MEMBRE DE LA COMMISSION CENTRALE DE LA SOCIÉTÉ DE GÉOGRAPHIE.

SEPTIÈME ÉDITION.

A Paris,

CHEZ L. HACHETTE,

LIBRAIRE DE L'UNIVERSITÉ ROYALE DE FRANCE,

RUE PIERRE-SARRAZIN, N° 12.

1837.

OUVRAGES DU MÊME AUTEUR :

# ATLAS ÉLÉMENTAIRE,

COMPOSÉ DES HUIT CARTES CI-APRÈS :

1. Mappemonde.
2. Europe.
3. Asie.
4. Afrique.
5. Amérique septentrionale.
6. Amérique méridionale.
7. Océanie.
8. France divisée par bassins et par départements.

Un volume in-8°, prix, cartonné avec soin : 2 fr. » c.

*Le même*, avec les huit cartes muettes, prix, cartonné : 3 fr. » c.

---

*Tout Exemplaire de cet ouvrage, non revêtu de ma griffe, sera réputé contrefait.*

---

Imprimé par la presse mécanique de J. GRATIOT,
Rue du Foin Saint-Jacques, Maison de la Reine Blanche.

# PETITE
# GÉOGRAPHIE
## MODERNE.

### NOTIONS PRÉLIMINAIRES.

1. La Géographie est la description de la Terre.

Forme et pôles de la Terre. — La Terre a la forme d'un globe ou d'une boule. Elle est un peu aplatie vers deux endroits opposés l'un à l'autre, que l'on appelle les *deux Pôles de la Terre*.

Pôle Arctique. — On nomme *Pôle Arctique*, c'est-à-dire pôle de l'ourse, celui des pôles de la terre qui est constamment tourné vers la partie du ciel où se trouve la constellation appelée en grec *Arctos*, c'est-à-dire l'ourse.

Pôle Antarctique. — On nomme *Pôle Antarctique*, c'est-à-dire opposé à l'ourse, le pôle qui se trouve directement opposé au pôle arctique.

2. Cercles de la Terre. — On appelle *Cercles de la terre* ces lignes que l'on voit tracées sur les globes et sur les cartes de géographie et que les géographes

supposent tracées de même autour de la terre, quoiqu'elles n'existent point en réalité.

On compte six cercles principaux, dont deux grands et quatre petits.

3. Grands Cercles. —Les deux Grands Cercles sont l'*Équateur* et le *Méridien*.

Équateur. — L'*Équateur* est le grand cercle qui fait le tour de la terre à égale distance des deux pôles.

Méridien. — Le *Méridien* est un grand cercle qui fait le tour de la terre, en passant par les deux pôles, et par un troisième lieu dont il prend le nom. Celui dont on se sert en France est le *Méridien de Paris*.

4. Petits cercles. — Les quatre Petits Cercles sont les deux *Tropiques* et les deux *Cercles Polaires*. Ils sont tracés dans le même sens que l'équateur. L'un des Tropiques et l'un des Cercles polaires se trouvent entre l'équateur et le pôle arctique; l'autre Tropique et l'autre Cercle polaire sont entre l'équateur et le pôle antarctique.

Tropique du Cancer. — On nomme ainsi le Tropique tracé entre l'équateur et le pôle arctique.

Tropique du Capricorne. — On nomme ainsi le Tropique tracé entre l'équateur et le pôle antarctique.

Cercle polaire Arctique. — C'est celui qui entoure le pôle arctique.

Cercle polaire Antarctique. — C'est celui qui entoure le pôle antarctique.

5. Degrés de Latitude. — Les *Degrés de Latitude* servent à marquer à quelle distance un lieu est de l'équateur. Ils sont indiqués sur les globes et sur les cartes par des lignes tracées dans le même sens que l'équateur, les tropiques et les cercles polaires.

**Degrés de Longitude.— Les *Degrés de Longitude* servent à marquer à quelle distance un lieu est du méridien dont on fait usage. Ces degrés sont indiqués sur les globes et sur les cartes par des lignes tracées dans le même sens que le méridien.**

6. Points Cardinaux. — On appelle ***Points Cardinaux***, quatre points qui ont été inventés pour indiquer la position des lieux sur le globe.

***Leurs noms.*** — Les Points Cardinaux sont :

Le ***Nord***, nommé aussi *Septentrion* ;

Le ***Sud***, nommé aussi *Midi* ;

L'***Est***, nommé aussi *Orient* ou *Levant* ;

L'*Ouest*, nommé aussi *Occident* ou *Couchant* ;

***Leur position.*** — Sur les cartes, on place :

Le Nord, au haut de la carte ;

L'Ouest, à gauche ; — L'Est, à droite ;

Le Sud, au bas.

Points Cardinaux Secondaires. — Outre les quatre principaux points cardinaux, on emploie souvent encore les quatre suivants, qui tirent leur noms de ceux des deux points principaux entre lesquels chacun d'eux est placé. Ces quatre points sont :

Le *Nord-Est* entre le nord et l'est ;

Le *Nord-Ouest* entre le nord et l'ouest ;

Le *Sud-Est* entre le sud et l'est ;

Le *Sud-Ouest* entre le sud et l'ouest.

# DIVISION DU GLOBE

## EN TERRES ET EN EAUX.

7. En jetant les yeux sur un globe terrestre, ou sur une mappemonde, il est facile de voir que les *Terres* n'occupent que la plus petite partie du globe, et que les *Eaux* couvrent un espace beaucoup plus considérable. Les Terres, composées d'un grand nombre de morceaux détachés, forment un peu plus du quart de la surface du globe; les trois autres quarts sont couverts par les Eaux.

## DIVISION DES TERRES.

8. Continents. — On appelle *Continents* les deux terres les plus grandes que l'on remarque parmi toutes celles qui sont répandues sur la surface du globe.

Le plus grand des deux Continents se nomme *l'Ancien Continent* parce qu'il a été habité le premier.

Le moins considérable, qui n'est connu que depuis 343 ans, s'appelle le *Nouveau Continent.*

Iles. — On donne le nom *d'Iles* aux terres moins étendues que les continents, et entourées d'eau de toutes parts.

Groupe d'iles. Archipel. — Un *Groupe d'Iles* est une réunion d'iles placées fort près les unes des autres. Les groupes qui couvrent un grand espace de mer prennent le nom d'*Archipel.*

Presqu'ile ou Péninsule. — Une *Presqu'île ou Péninsule* est une terre presqu' entièrement entourée d'eau, mais qui tient au continent par un de ses côtés, ou seulement par une petite langue de terre.

Isthme. — On appelle *Isthme* la langue de terre qui joint une presqu'île au continent.

9. Montagnes. — On appelle *Montagnes* ou *Monts*

des masses considérables de terre et de rochers, qui, en certains endroits, s'élèvent au-dessus de la surface des continents et des îles.

PICS. — On donne le nom de *Pics* à quelques montagnes qui ont la forme d'un pain de sucre.

VOLCAN. — Un *Volcan* est une montagne qui vomit par intervalle des torrents de feu.

CHAINES DE MONTAGNES — Les montagnes placées en grand nombre à la suite les unes des autres forment ce qu'on appelle des *Chaînes de Montagnes*.

DÉFILÉS. — On nomme *Défilés*, et, dans certains cas, *Pas*, *Cols* et *Gorges*, les passages étroits qui restent entre les montagnes qui composent les chaînes, et quelquefois entre une montagne et la mer.

CÔTES. — Les *Côtes* sont les endroits où la mer vient baigner la terre.

CAP. — Un *Cap* ou *Promontoire*, est une pointe de terre qui s'avance dans la mer.

## DIVISION DES EAUX.

10. MER. OCÉAN. — On donne le nom de *Mer* ou d'*Océan*, à l'immense étendue d'eau qui couvre la portion la plus considérable du globe. Cette eau est salée, et a un goût tellement désagréable qu'il est impossible de la boire.

La mer est divisée naturellement par les deux continents en deux grandes parties, ou deux Océans, savoir : l'*Océan Atlantique* et le *Grand-Océan*.

OCÉAN ATLANTIQUE. — On nomme *Océan Atlantique*, la portion de la mer comprise entre l'ancien continent à l'est, et le nouveau continent à l'ouest.

Il forme, ainsi que le Grand-Océan, plusieurs mers particulières dont nous donnerons les noms en décrivant les pays dont elles baignent les côtes.

Grand-Océan. — Le *Grand-Océan*, ainsi nommé parce qu'il est le plus grand du globe, est la vaste étendue de mer comprise entre l'ancien continent à l'ouest, et le nouveau continent à l'est.

Mer des Indes. — On désigne sous le nom de *Mer des Indes* ou *Océan Indien*, la portion du Grand Océan qui s'enfonce au sud de l'ancien continent, et baigne les côtes d'un vaste pays nommé les Indes.

11. Océan Glacial Arctique et Antarctique. — On donne le nom d'*Océan Glacial*, aux portions de mer qui s'étendent sous les pôles et assez loin à l'entour et qui sont toujours embarrassées de glaces.

Il y en a deux, qui se distinguent par les noms des deux pôles ; ainsi :

L'Océan Glacial, qui s'étend entre le pôle arctique et le cercle polaire arctique, s'appelle *Océan Glacial Arctique* ;

L'Océan Glacial, qui s'étend entre le pôle antarctique et le cercle polaire antarctique, s'appelle *Océan Glacial Antarctique*.

12. Mers Intérieures. — On appelle *Mers Intérieures*, les grandes portions de mer qui s'enfoncent dans l'intérieur des terres.

Méditerranée. — La plus considérable des mers intérieures est la *mer Méditerranée*, qui pénètre dans l'ancien continent. Nous en parlerons plus en détail, ainsi que des autres mers intérieures, en décrivant les pays dont elles baignent les côtes.

13. Golfe ou Baie. — Un *Golfe* ou une *Baie* est une portion de mer qui s'enfonce entre les terres, mais qui n'est pas assez considérable pour mériter le nom de mer intérieure.

Port. — Un *Port* est une petite baie qui se trouve disposée, soit naturellement, soit à l'aide du travail des hommes, de manière à ce que les vaisseaux puissent y demeurer en sûreté et s'y trouver à l'abri des vents.

Détroit. — On nomme *Détroit*, et, dans certains cas, *Pas*, *Canal*, *Phare* ou *Pertuis*, une portion de mer resserrée entre deux terres, et qui fait communiquer ensemble deux mers ou deux portions de mer.

14. Lac. Etang. — On donne le nom de *Lacs* aux grands amas d'eau que l'on rencontre en beaucoup d'endroits au milieu des terres. Quand un lac est très petit, on l'appelle *Étang*.

Mer Caspienne. — Le lac le plus considérable du globe a reçu, à cause de son étendue, le nom de mer: c'est la *mer Caspienne*, située à peu-près au centre de l'ancien continent.

15. Sources. Ruisseaux. — On nomme *Sources*, les eaux que l'on voit sortir de terre au pied des montagnes, et quelquefois même dans les plaines; ces sources forment des *Ruisseaux*.

Rivière. — Une *Rivière*, est une eau courante formée de la réunion de plusieurs ruisseaux.

Confluent. — On appelle *Confluent*, l'endroit où deux rivieres se réunissent.

Fleuve. — Un fleuve est une rivière considérable et qui porte ses eaux jusqu'à la mer.

Embouchure. — L'Embouchure d'un fleuve est l'endroit où ce fleuve entre dans la mer.

Canal. — Un *Canal* est une sorte de rivière creusée par la main des hommes, et formée de la réunion des eaux voisines, dans le but de faire communiquer entre elles deux rivières, ou une rivière avec la mer.

Rive Droite et Rve Gauche. — La *Rive Droite* d'une rivière, est le bord qu'aurait à sa droite une personne qui descendrait le cours de cette rivière, le visage tourné vers son embouchure; le bord qu'elle aurait à sa gauche est la *Rive Gauche*.

# PARTIES DU MONDE.

16. On divise aujourd'hui le monde en cinq parties, savoir :

L'*Europe*, l'*Asie*, l'*Afrique*, qui sont renfermées dans l'ancien continent ;

L'*Amérique*, qui forme le nouveau continent.

L'*Océanie*, qui se compose d'un nombre considérable d'îles répandues dans le Grand-Océan, auquel elle doit son nom.

17. Races d'hommes. — La terre est occupée par environ 740 millions d'habitants appartenant à trois races principales, savoir :

La *Blanche*, qui a peuplé l'Europe, l'O. et le S.-O. de l'Asie, le N. de l'Afrique, et qui a envoyé des colonies dans toutes les parties du Monde ;

La *Jaune*, qui a peuplé le N. de l'Europe et de l'Asie, le centre et l'E. de l'Asie, une partie de l'Océanie et l'Amérique ;

La *Nègre*, qui a peuplé le centre et le S. de l'Afrique, et la plus grande partie de l'Océanie.

Religions. — On en compte quatre principales :

Le *Christianisme*, divisé en plusieurs branches et professé par 266 millions d'individus ;

Le *Judaïsme*, par 4 millions ;

Le *Mahométisme*, par 100 million

Le *Paganisme*, par 370 millions.

# EUROPE.

18. NOTIONS GÉNÉRALES. — L'Europe est renfermée dans une espèce de grande presqu'île qui occupe toute la partie nord-ouest de l'ancien continent. C'est la plus petite des cinq parties du monde après l'Océanie ; mais aussi, c'est la plus civilisée.

BORNES. — L'Europe a pour bornes :

Au N[1]. l'Océan Glacial Arctique ;

A l'O. l'Océan Atlantique ;

Au S. la mer Méditerranée, la mer Noire et la chaîne du mont Caucase ;

A l'E. la mer Caspienne, le fleuve Oural, la chaîne des monts Ourals, et le petit fleuve Kara.

19. ÉTENDUE ET CLIMAT DE L'EUROPE. — L'Europe n'a en étendue que 485 mille lieues carrées environ, c'est-à-dire le quart de l'Asie et de l'Amérique, et le tiers de l'Afrique ; mais elle ne renferme pas, comme les autres parties du monde, de vastes déserts, aussi est-elle, proportionnellement à son étendue, la plus peu-

(1) Afin d'abréger, nous écrirons toujours pour **nord, N.; sud, S.; est, E.; ouest, O.; nord-est, N.-E., nord-ouest, N.-O.; sud-est, S.-E.; sud-ouest, S.-O.**

plée et la mieux cultivée. Elle jouit aussi, presque généralement, d'une température douce qui favorise le développement de toutes les facultés de l'homme et la production de toutes les richesses agricoles.

POPULATION ET RELIGIONS. — L'Europe renferme environ 228 millions d'habitants appartenant presque tous à la race blanche et aux diverses branches de la Religion chrétienne, savoir :

Religion Catholique, 115 millions ;
Religion Grecque, 56 millions ;

| | | |
|---|---|---|
| Religion réformée, divisée en 4 branches, savoir : | Luthéranisme, Calvinisme, Presbytéranisme, Religion anglicane, | 50 millions. |

Sectes diverses, 1 demi-million.

On y compte de plus environ 4 millions de Mahométans en Russie et en Turquie, 2 millions de Juifs répandus dans toute l'Europe, et 50 milles Idolâtres.

PRODUCTIONS. INDUSTRIE. — L'Europe produit en abondance le blé, le vin, le lin et toutes les choses nécessaires à la vie. Les animaux utiles y sont en grand nombre, et les animaux nuisibles assez rares. On y trouve quelques mines d'or et d'argent, et beaucoup de fer, de plomb, d'étain, de houille, de sel, etc. Mais c'est surtout par les produits de son industrie et par le commerce qu'elle fait avec toutes les parties du monde, que l'Europe s'est acquis sur elles une immense supériorité. Un nombre infini de vaisseaux transporte sur tous les points du globe ses tissus de coton, de laine, de fil et de soie, son horlogerie, ses meubles, ses bijoux, ses machines, ses instruments et ses vins. Foyer des arts et des sciences, elle fait, à l'aide de ses livres, pénétrer ses lumières jusqu'aux extrémités du monde.

20. Division de l'Europe. — L'Europe se divise en 16 parties principales, savoir :

| | |
|---|---|
| 4 au Nord. | Les îles Britanniques ;<br>Le Danemark ;<br>La Suède avec la Norvége ;<br>La Russie avec la Pologne. |
| 7 au Milieu. | La France ;<br>Les Pays-Bas ;<br>La Belgique ;<br>L'Allemagne propre ;<br>La Suisse ;<br>La Prusse ;<br>L'Autriche ; |
| 5 au Sud. | Le Portugal ;<br>L'Espagne ;<br>L'Italie.<br>La Turquie ;<br>La Grèce avec les îles Ioniennes. |

Iles. — Après la *Grande-Bretagne* et *l'Irlande*, comprises dans les Iles Britanniques, les plus grandes de l'Europe sont :

L'Islande, au Nord de l'Atlantique ;

| | |
|---|---|
| La Corse,<br>La Sardaigne,<br>La Sicile,<br>Candie. | dans la Méditerranée. |

21. MERS QUI BAIGNENT L'EUROPE. — Nous avons vu (18) que l'Europe est bornée par l'océan Glacial Arctique au N., et par l'océan Atlantique à l'O. Ces deux océans forment, sur les côtes de l'Europe, plusieurs mers qu'il faut connaître.

MER FORMÉE PAR L'OCÉAN GLACIAL ARCTIQUE. — Cet océan ne forme qu'une mer, savoir :

La *mer Blanche*, qui pénètre au N. de la Russie.

MERS FORMÉES PAR L'OCÉAN ATLANTIQUE. — L'océan Atlantique forme deux mers, savoir :

La *mer du Nord*, vers le N. de l'Europe ;

La *mer Méditerranée*, au S. de l'Europe.

22. MER DU NORD. — Cette mer s'enfonce entre les îles Britanniques à l'O., la Norvége et le Danemark à l'E. ; elle baigne au S. les Pays-Bas et l'Allemagne, ce qui la fait quelquefois nommer *mer d'Allemagne*. Elle donne naissance à une autre mer, savoir :

La *mer Baltique*, qui s'étend entre la Suède au N. et à l'O., la Russie à l'E. et l'Allemagne au S.

23. MER MÉDITERRANÉE. — Cette mer s'étend entre l'Europe au N., l'Asie à l'E., et l'Afrique au S. Elle forme 7 autres mers, savoir :

1° La *mer de Sicile*, au N. de la Sicile ;

2° La *mer Ionienne*, entre la partie méridionale de l'Italie et la Grèce ;

3° La *mer Adriatique*, entre l'Italie, les États Autrichiens et la Turquie ;

4° L'*Archipel*, entre la Grèce, la Turquie d'Europe et la Turquie d'Asie ;

5° La *mer de Marmara*, entre la Turquie d'Europe et la Turquie d'Asie ;

6° La *mer Noire*, entre la Turquie d'Europe, la Russie et la Turquie d'Asie ;

7° La *mer d'Azof*, entourée par la Russie.

24. Golfes. — Les mers de l'Europe forment sur ses côtes 13 Golfes principaux, savoir :

3 formés par la mer du Nord, savoir :

Le golfe de *Murray*, } sur les côtes de l'Écosse ;
Le golfe de *Forth*, }

Le golfe du *Zuider-zée*, sur la côte des Pays-Bas.

4 par la mer Baltique, savoir :

Le golfe de *Dantzig*, au N. de la Prusse ;

Le golfe de *Livonie*, } à l'O. de la Russie ;
Le golfe de *Finlande*, }

Le golfe de *Bothnie*, entre la Russie et la Suède.

1 par l'Atlantique, c'est :

Le golfe de *Gascogne* ou de *Biscaye*, entre la France et l'Espagne.

2 par la Méditerranée, savoir :

Le golfe de *Lyon* ou *du Lion*, au S. de la France ;
Le golfe de *Gênes*, au N.-O. de l'Italie.

2 par la mer Ionienne, savoir :

Le golfe de *Tarente*, au S. de l'Italie ;
Le golfe de *Patras* ou de *Lépante*, dans la Grèce.

1 par l'Archipel, c'est :

Le golfe de *Salonique*, au S. de la Turquie.

25. Détroits. — Les mers de l'Europe communiquent entre elles par seize Détroits principaux, savoir :

5 pour faire communiquer la mer du Nord avec la Baltique, savoir :

Le *Skager-Rack*, }
Le *Cattégat*, } Entre la Norvége, la Suède,
Le *Sund*, } et les terres et îles qui com-
Le *Grand-Belt*, } posent le Danemark.
Le *Petit-Belt*, }

5 dans l'océan Atlantique, savoir :

| | |
|---|---|
| Le canal du *Nord*,<br>Le canal *Saint-Georges*, | réunis entre eux par la *mer d'Irlande*; entre la Grande-Bretagne et l'Irlande. |
| Le *Pas-de-Calais*,<br>La *Manche*, | joignant l'Atlantique à la mer du Nord, entre la Grande-Bretagne et la France. |
| Le détroit de *Gibraltar*, | joignant l'Atlantique à la Méditerranée, entre l'Espagne et l'Afrique. |

6 dans la Méditerranée, et pour faire communiquer les mers qu'elle forme, savoir :

Les bouches de *Bonifacio*, entre les deux îles de Corse et de Sardaigne ;

Le Phare de *Messine*, joignant la mer Ionienne à la mer de Sicile, entre la Sicile et l'Italie ;

Le canal d'*Otrante*, joignant la mer Ionienne à l'Adriatique, entre l'Italie et la Turquie ;

Le détroit des *Dardanelles*, joignant l'Archipel à la mer de Marmara, entre la Turquie d'Europe et la Turquie d'Asie ;

Le canal de *Constantinople*, joignant la mer de Marmara à la mer Noire, entre les Turquies d'Europe et d'Asie ;

Le détroit d'*Iénikalé*, joignant la mer Noire à la mer d'Azof, dans la Russie méridionale.

26. FLEUVES. — Les mers, golfes et détroits que nous venons de nommer reçoivent tous les Fleuves de l'Europe. Les plus remarquables, au nombre de 27, se distribuent de la manière suivante :

1 tombe dans l'océan Glacial, c'est :

La *Petchora*, qui arrose la Russie.

1 dans la mer Blanche, c'est :

La *Dvina*, qui arrose aussi la Russie.

4 dans la Baltique, savoir :

La *Duna*, qui arrose la Russie et se rend dans le golfe de Livonie ;

Le *Niémen*, qui arrose la Russie et la Prusse ;

L'*Oder*, qui arrose la Prusse ;

La *Vistule*, qui arrose la Pologne et la Prusse, et s'écoule dans le golfe de Dantzig.

3 dans la mer du Nord, savoir :

L'*Elbe*, qui arrose l'Allemagne ;

Le *Rhin*, qui sort de la Suisse, sépare la France de l'Allemagne et arrose les Pays-Bas ;

La *Tamise*, qui arrose l'Angleterre.

1 dans la Manche, c'est :

La *Seine*, qui arrose la France.

7 Dans l'Atlantique, savoir :

La *Loire*,<br>
La *Gironde*, } qui arrosent la France.

Le *Minho*,<br>
Le *Douro*,<br>
Le *Tage*,<br>
La *Guadiana*, } qui arrosent l'Espagne et le Portugal ;

Le *Guadalquivir*, qui arrose l'Espagne.

2 dans la Méditerranée, savoir :

L'*Èbre*, qui arrose l'Espagne ;

Le *Rhône*, qui arrose la France.

1 dans la mer de Sicile, c'est :

Le *Tibre*, qui arrose l'Italie centrale.

1 dans l'Adriatique, c'est :

Le *Pô*, qui arrose l'Italie septentrionale.

3 dans la mer Noire, savoir :

Le *Danube*, qui arrose l'Allemagne et la Turquie septentrionale ;

Le *Dniestr*, qui arrose la Galicie et la Russie ;

Le *Dniepr*, qui arrose la Russie.

1 dans la mer d'Azof, c'est :

Le *Don*, qui arrose la Russie.

2 dans la mer Caspienne, savoir :

Le *Volga*,<br>L'*Oural*, } qui arrosent aussi la Russie.

27. Lacs. — Parmi les Lacs de l'Europe, nous en citerons 12 principaux, savoir :

4 en Russie, qui sont :

Le lac *Saïma*, le plus grand de la Finlande, province toute couverte de lacs ;

Le lac *Onéga*, communiquant avec le lac *Ladoga*, le plus grand de l'Europe, et dont les eaux se rendent dans le golfe de Finlande par un fleuve large, mais très court, nommé la *Néva* ;

Le lac *Tchoudskoë*, dont les eaux tombent aussi dans le golfe de Finlande.

3 en Suède, savoir :

Le lac *Mælar*,<br>Le lac *Vetter*, } qui se déchargent dans la Baltique ;

Le lac *Véner*, qui s'écoule dans le Cattégat.

2 en Suisse, savoir :

Le lac *Léman*, traversé par le Rhône ;

Le lac de *Constance*, traversé par le Rhin.

2 au N. de l'Italie, savoir :

Le lac *Majeur*,<br>Le lac de *Garde*, } dont les eaux se rendent dans le Pô.

1 dans les États autrichiens, savoir :

Le lac *Balaton*, qui s'écoule dans le Danube.

28. Presqu'iles — On remarque en Europe 6 Presqu'îles principales dont 3 grandes et 3 petites.

Les trois grandes Presqu'îles sont :

La *Suède* avec la *Laponie*, au N. de l'Europe, renfermée entre l'océan Glacial Arctique au N., l'océan Atlantique à l'O. et la mer Baltique au S. et à l'E.;

L'*Espagne* avec le *Portugal*, au S.-O. de l'Europe, renfermée entre l'océan Atlantique au N.-O., à l'O. et au S.-O., le détroit de Gibraltar au S. et la mer Méditerranée au S.-E. et à l'E. ;

L'*Italie*, au S. de l'Europe, renfermée entre la mer Méditerranée à l'O., la mer Ionienne au S. et la mer Adriatique à l'E.

Les trois petites Presqu'îles sont :

Le *Jutland*, au N. de l'Allemagne, renfermé entre la mer du Nord à l'O., le Skager-Rack, appelé aussi le canal de Jutland, au N., et le Cattégat à l'E. ;

La *Morée* au S. de la Grèce, renfermée entre le golfe de Lépante au N., la mer Ionienne à l'O. et au S., et l'Archipel à l'E. ;

La *Crimée*, au S. de la Russie, renfermée entre la mer Noire à l'O. et au S., le détroit d'Iénikalé à l'E. et la mer d'Azof au N.-E.

29. Isthmes. — Parmi les presqu'îles que nous venons de nommer, les 4 premières tiennent au continent par des espaces trop grands pour qu'on leur donne le nom d'isthmes ; on ne compte donc en Europe que deux Isthmes, savoir :

L'isthme de *Corinthe*, qui rattache la Morée au reste de la Grèce ;

L'isthme de *Pérécop*, qui unit la Crimée au reste de la Russie.

30. Caps. — Les Caps remarquables de l'Europe sont au nombre de 9, savoir :

2 au N., qui sont :

Le cap *Nord*, au N. de la Norvége, dans l'île *Mageroë* ;

Le cap *Lindesnœs*, au sud de la Norvége.

5 à l'O., qui sont :

Le cap *Clear*, au S.-O. de l'Irlande ;

Le cap *Land's End*, } au S.-O. de la Grande-
Le cap *Lizard*, } Bretagne.

Le cap *Finistère*, au N.-O. de l'Espagne ;

Le cap *Saint-Vincent*, au S.-O. du Portugal.

2 au S., qui sont :

Le cap *Leuca*, au S.-O. de l'Italie ;

Le cap *Matapan*, au S. de la Morée.

31. Chaines de Montagnes. — Les Chaînes de montagnes les plus considérables de l'Europe sont au nombre de 8, savoir :

Les monts *Ourals*, qui séparent l'Europe de l'Asie ;
Les *Alpes Scandinaves*, à l'E. de la Norvége ;
Les *Pyrénées*, entre la France et l'Espagne ;
Les *Alpes*, entre la France, la Suisse, l'Allemagne et l'Italie ;
Les *Apennins*, qui traversent toute l'Italie ;
Les *Karpathes*, au N.-E. de l'Allemagne ;
Les *Balkans*, dans la Turquie ;
Le *Caucase*, entre l'Europe et l'Asie.

32. Volcans. — Il y a en Europe 3 Volcans principaux, savoir :

1 sur le continent, en Italie, c'est :

Le *Vésuve*, près de Naples.

2 dans les îles, qui sont :

L'*Hécla*, en Islande ; — l'*Etna*, en Sicile.

Il y en a, en outre, plusieurs autres en Islande et dans les îles de *Lipari* (78).

# EUROPE SEPTENTRIONALE.

## 33. ILES BRITANNIQUES.

POSITION ET DIVISION. — Les îles Britanniques forment, au N.-O. de l'Europe, une espèce d'archipel composé de 2 grandes îles, 4 groupes principaux, et 7 petites îles.

Les 2 grandes îles sont :

La *Grande-Bretagne*, à l'E.;
L'*Irlande*, à l'O.

Les 4 groupes principaux sont :

Les *Shetland* [1],
Les *Orkney* ou *Orcades*,
Les *Westernes* ou *Hébrides*, } au N.
Les *Scilly* ou *Sorlingues*, au S.

Les 7 petites îles sont :

*Man*,
*Anglesey*, } dans la mer d'Irlande ;
*Wight* [2],
*Aurigny*,
*Guernesey*,
*Jersey*, } dans la Manche ;
*Helgoland*, dans la mer du Nord.

(1) Prononcez *Chetlande*. (2) Prononcez *Ouaïte*.

### 34. GRANDE-BRETAGNE.

DIVISION. — La Grande-Bretagne comprend deux royaumes, savoir :

L'*Écosse*, au N. et l'*Angleterre* au S.

#### ÉCOSSE.

CAPITALE. — EDINBOURG, près du golfe de Forth.

VILLE REMARQUABLE. — GLASGOW, à l'O. d'Edinbourg, la plus considérable de l'Ecosse; fameuse université.

#### ANGLETERRE.

CAPITALE. — LONDRES, sur la Tamise, la ville la plus commerçante du monde, et peut-être la plus peuplée.

VILLES REMARQUABLES. — A l'O. — LIVERPOOL, port très commerçant.

Au centre. — MANCHESTER et BIRMINGHAM, grandes villes manufacturières.

### 35. IRLANDE.

L'*Irlande* forme le troisième des royaumes-unis.

CAPITALE. — DUBLIN, sur la mer d'Irlande, la seconde ville des îles Britanniques.

VILLE REMARQUABLE. — Au S. — CORK, port commerçant, et la seconde ville de l'Irlande.

36. Étendue, population, religions, gouvernement. — Les îles Britanniques renferment environ 15,800 lieues carrées et une population de 23 millions d'individus. La religion anglicane domine en Angleterre, le presbytéranisme en Écosse; l'Irlande, qui a près de 7 millions d'habitants, est presque entièrement catholique. Le gouvernement est entre les mains d'un roi qui partage le pouvoir de faire les lois et d'établir les impôts avec le *Parlement*, composé de deux assemblées chargées de représenter la nation et défendre ses intérêts : ces deux assemblées sont : la *Chambre des Pairs* ou des *Lords*, dont la dignité est héréditaire, et la *Chambre des Communes*, composée de membres élus par les communes.

Climat, productions, commerce, manufactures, marine, possessions lointaines. — Quoique le climat des îles Britanniques soit généralement humide et brumeux, cependant les terres y sont fertiles. On y trouve aussi de nombreuses mines de fer, de plomb, de cuivre et de houille; mais ce qui constitue la véritable richesse et la puissance de l'empire Britannique, c'est son immense commerce alimenté par d'innombrables manufactures, vivifié et protégé par une marine de 20 mille vaisseaux, qui rend toutes les parties du monde tributaires de l'Angleterre. Ce commerce est facilité à l'intérieur par un grand nombre de canaux et de chemins de fer, qui sillonnent en tout sens la Grande-Bretagne. Cette puissance possède d'ailleurs sur les deux continents, dans toutes les mers et jusque dans l'Océanie, de vastes territoires, et un grand nombre d'îles où sa domination s'étend sur plus de 130 millions d'hommes. (54, 69, 77, 83, 113, 114, 118, 119, 121, 153, 157, 161, 165, 169, 171, 172, 187, 193, 194, 195, 199, 203, 205, 209, 225, 250.)

## 37. DANEMARK.

POSITION ET DIVISION. — Le Danemark, situé à l'entrée de la mer Baltique, se divise en provinces continentales et en îles.

PROVINCES CONTINENTALES. — Elles sont au nombre de 3, savoir :

Le *Jutland*, le *Holstein*, le *Lauenbourg*.

ILES. — Elles se composent de deux groupes et d'une grande île.

Les 2 groupes sont :

Les *îles Danoises*, dans la Baltique, et dont les principales sont : *Séeland* et *Fionie* ;

Les îles *Fœroë*, dans l'Atlantique.

La grande île est l'*Islande*, située au N. de l'Atlantique.

CAPITALE. — COPENHAGUE, dans l'île de Séeland, ville bien fortifiée et l'une des plus belles capitales de l'Europe.

VILLES REMARQUABLES. — Dans l'île de Fionie, ODENSÉE, qui en est la capitale ;

Sur le continent, ALTONA, dans le HOLSTEIN, la ville la plus commerçante du Danemark. — LAUENBOURG, capitale du duché de ce nom.

38. ISLANDE. — Cette grande île volcanique n'a que des villages, dont le principal est *Reykiavig*, au S.-O.

Les provinces de Holstein et de Lauenbourg font partie de la Confédération Germanique (53 et 59).

39. ÉTENDUE, POPULATION, RELIGION ET GOUVERNEMENT. — Le Danemark renferme environ 2900 lieues carrées, auxquelles il en faut ajouter 4500 pour l'Islande et les îles Fœroë. Sa population s'élève à près de 2 millions d'habitants qui, presque tous, professent le luthéranisme. Son gouvernement qui, depuis la révolution de 1660, était absolu, si ce n'est dans les provinces qui font partie de la Confédération Germanique, est redevenu, en 1834, monarchique constitutionnel.

CLIMAT, PRODUCTIONS. — L'archipel Danois est la partie la plus tempérée et la plus agréable du royaume, et la plus fertile en grains, lin, etc. Le Jutland est généralement froid, et couvert de marais et de bruyères. Le Holstein possède de riches pâturages où l'on élève des chevaux renommés. L'Islande est un pays montagneux, très froid, où il ne croît pas de blé ni même de grands arbres. La pomme de terre y est la culture principale. On y voit des espèces de volcans qui lancent à une hauteur prodigieuse des torrents d'eau bouillante.

INDUSTRIE, COMMERCE. — L'industrie est généralement peu avancée dans le Danemark ; mais elle devra sans doute de nouveaux développements au commerce qui, depuis quelques années, a pris dans ce pays de grands accroissements.

POSSESSIONS LOINTAINES. — Le Danemark a encore plusieurs possessions en Asie, en Afrique et en Amérique (117, 137, 211).

## 40. SUÈDE.

BORNES. — La Suède a pour bornes :

Au N. l'océan Glacial Arctique;
A l'O. l'Atlantique et la mer du Nord ;
Au S. le Skager-Rack et la Baltique ;
A l'E. la Baltique, le golfe de Botnie et la Russie.

DIVISION. — La Suède renferme 2 royaumes; savoir :

La *Suède* à l'E., la *Norvége* à l'O.
Elle possède en outre plusieurs îles.

### SUÈDE.

CAPITALE. — STOCKHOLM, sur le détroit qui unit le lac Mælar à la Baltique.

### NORVÈGE.

CAPITALE. — CHRISTIANIA, au fond d'un golfe auquel elle donne son nom.

ILES. — Les principales îles sont :
Dans la Baltique :
*OEland* au S., *Gottland*, au N.
Dans l'océan Glacial, sur la côte de la Norvége :
Les groupes de *Loffoden* et *Tromsen*.

41. Étendue, population, religion et gouvernement. — La Suède, le second des états de l'Europe par son étendue, a 39 mille lieues carrées, et seulement une population de 4 millions d'habitants qui professent la religion luthérienne. Le gouvernement est représentatif : les deux royaumes de Suède et de Norvége, quoique réunis sous le même souverain, ont leurs constitutions distinctes et leurs assemblées indépendantes.

Climat, productions. — Le climat de la Suède est généralement froid et son sol peu productif, si ce n'est vers le sud. Elle est remplie de lacs dont plusieurs ont un aspect agréable. La Norvége est presque toute entière hérissée de montagnes qui produisent en abondance des bois propres à la construction des vaisseaux, et qui font l'objet d'un grand commerce. La partie septentrionale de ce royaume se nomme *Laponie*. Les habitants de ce pays sont remarquables par leur petite taille. Ils tirent un grand parti d'un animal fort curieux nommé le *renne*, qui ne peut vivre que dans les régions septentrionales ; ils l'attellent aux traîneaux dont ils se servent pour voyager dans ces contrées couvertes presque toute l'année de neiges et de glaces ; ils en boivent le lait et en mangent la chair. La Suède renferme beaucoup de mines de fer et de cuivre ; il y en a même plusieurs d'or et d'argent.

Au S. des îles de Loffoden se trouve le tourbillon de *Malstrom* dont les flots, surtout en hiver et lorsque le vent souffle du N.-O., tournoient avec une violence qui attire et engloutit les vaisseaux, et avec un fracas et des mugissements qui s'entendent à plusieurs lieues de distance.

Possessions lointaines. — La Suède ne possède hors de l'Europe que l'île de *Saint-Barthélemi* dans les Antilles (212).

## 42. RUSSIE.

BORNES. — La Russie, en y comprenant la Pologne, qui, depuis 1831, a cessé de former un état distinct, a pour bornes :

Au N. l'océan Glacial Arctique ;

A l'O. la Suède, le golfe de Botnie, la Baltique, la Prusse et l'Autriche ;

Au S. la Turquie d'Europe, la mer Noire, le Caucase et la mer Caspienne ;

A l'E. le fleuve Oural, les monts Ourals et le petit fleuve Kara.

CAPITALE. — SAINT-PÉTERSBOURG, près de l'embouchure de la Néva dans le golfe de Finlande.

VILLES REMARQUABLES. — Au N. — ARKHANGELSK, port sur la mer Blanche.

Au centre. — MOSCOU, capitale de la Russie avant Saint-Pétersbourg, et encore aujourd'hui la seconde ville de l'empire en richesses et en population.

A l'O. — RIGA, port très commerçant, sur le golfe qui porte son nom.

Au S. — KIEV, la première capitale de la Russie ; — ODESSA, sur la mer Noire, le port le plus commerçant de l'empire.

43. Dans les provinces de l'ancienne POLOGNE on distingue : — VARSOVIE, sur la Vistule, capitale de la Pologne, défendue vaillamment, mais sans succès, par les Polonais contre les Russes en 1831. — VILNA, capitale de l'ancien grand-duché de Lithuanie, réuni à la Russie à la fin du siècle dernier.

44. CRACOVIE. — Cette ville, située sur la Vistule, et qui fut, avant Varsovie, la capitale de la Pologne, forme depuis 1815, avec son territoire, une petite république indépendante.

45. ILES QUI DÉPENDENT DE LA RUSSIE. — Les plus remarquables sont :

| | |
|---|---|
| *La Nouvelle-Zemble*,<br>*Vaïgatch*,<br>*Kalgouev*, | dans l'océan Glacial Arctique. |
| *Aland*,<br>*Dago*,<br>*OEsel*, | dans la mer Baltique. |

46. ÉTENDUE, POPULATION, RELIGIONS ET GOUVERNEMENT. — La Russie, le plus considérable des états de l'Europe par son étendue et par sa population, renferme, en y comprenant la Pologne, plus de 250,000 lieues carrées, et 52 millions d'habitants, dont la plus grande partie professe la religion grecque ; cependant, ceux de la Pologne sont catholiques, et ceux

de la Finlande luthériens. Il y a en outre des mahométans au S. et à l'E., et un assez grand nombre de juifs dans toutes les provinces. Le souverain, qui se nomme *Tzar*, possède une autorité absolue.

CLIMAT, PRODUCTIONS. — La Russie se compose presque entièrement de vastes plaines dont la température est assez froide, mais qui sont généralement fertiles. La partie méridionale, et surtout la Crimée, jouissent d'un climat doux et agréable; on y récolte en abondance du blé, du lin, du chanvre, du tabac, et même du vin. La partie septentrionale, exposée à un froid rigoureux, est tout-à-fait stérile. L'E. est couvert d'immenses forêts, et le S.-E. de plaines sablonneuses imprégnées de sel. Les monts Ourals renferment des mines d'or, de cuivre, de fer, et même de diamants.

POSSESSIONS LOINTAINES. — Quelque immenses que soient les territoires soumis à la Russie en Europe, ils ne forment qu'environ le quart de cet empire, qui s'étend encore dans le N. de l'Asie (96) et de l'Amérique (188, 190, 191, 192), et dont toutes les possessions réunies égalent la septième partie de la terre habitable.

NOTIONS HISTORIQUES SUR LA POLOGNE. — La Pologne, qui formait, avant la fin du siècle dernier, un des plus grands royaumes de l'Europe, fut démembrée en 1772, 1793 et 1795, par la Russie, la Prusse et l'Autriche, qui s'en partagèrent les provinces. Reconstituée en 1807, sous le nom de Grand-duché de Varsovie, elle avait repris, en 1815, le nom de royaume de Pologne, sous la souveraineté de l'empereur de Russie; mais, à la suite d'une révolution qui a éclaté à Varsovie en 1830, et après une lutte sanglante et héroïque, dans laquelle la Pologne n'a succombé qu'avec gloire, elle a été déclarée partie intégrante de l'empire.

# EUROPE CENTRALE.

## 47. FRANCE.

BORNES. — La France a pour bornes :
Au N. l'Allemagne et les Pays-Bas ;
A l'O. le Pas-de-Calais, la Manche et l'Atlantique ;
Au S. les Pyrénées et la Méditerranée ;
A l'E. le Var, les Alpes, le Rhône, le Jura et le Rhin.

CAPITALE. — Paris, sur la Seine, la seconde ville de l'Europe en population et en richesses.

VILLES REMARQUABLES. — Au N. — LILLE, l'une des plus fortes places du royaume ; — ROUEN, sur la Seine, ville très commerçante.

Au centre. — NANTES, sur la Loire, ville grande et commerçante ; — LYON, sur le Rhône, la seconde ville de la France par sa population et son commerce.

Au S. — BORDEAUX, sur la Garonne ; — MARSEILLE, sur la Méditerranée, pórts qui font un grand commerce.

(1) La Géographie détaillée de la France se trouve à la fin de ce volume.

## 48. PAYS-BAS. [1]

BORNES. — Les Pays-Bas, nommés aussi la HOLLANDE, ont pour bornes :

Au N.
A l'O. } la mer du Nord ;
Au S. la Belgique ;
A l'E. l'Allemagne.

CAPITALE. — AMSTERDAM, sur le Zuider-zée, célèbre par son commerce et par ses richesses.

VILLES REMARQUABLES. — Au N. — LA HAYE, résidence habituelle du roi ; — ROTTERDAM, sur la Meuse, ville très commerçante ; — UTRECHT, célèbre dans l'histoire par plusieurs traités importants.

Au S.-E. LUXEMBOURG, capitale d'un grand-duché qui fait partie de la Confédération Germanique (53 et 59).

ILES. — Au N.-O. des Pays-Bas sont situées plusieurs îles, dont la principale est le *Texel*.

Il s'en trouve en outre à l'O. un grand nombre formées par les embouchures des fleuves qui arrosent les Pays-Bas, et dont la principale est celle de *Walckeren*.

(1) Pour ce pays et les suivants consulter la carte de la FRANCE.

## 49. BELGIQUE.

BORNES. — La Belgique a pour bornes :
Au N. les Pays-Bas;
A l'O. la mer du Nord ;
Au S. la France;
A l'E. l'Allemagne et les Pays-Bas.

CAPITALE. — BRUXELLES, au centre.

VILLES REMARQUABLES. — Au N. — ANVERS, sur l'Escaut, prise en 1832 par les Français sur les Hollandais, après un siége difficile et glorieux; — GAND, ville grande et riche par son commerce.

50. NOTIONS DIVERSES SUR LES PAYS-BAS ET LA BELGIQUE. — Ces deux pays, réunis en 1814 et séparés à la suite de la révolution qui y est survenue en 1830, ont ensemble 5300 lieues carrées, et plus de 6 millions d'habitants, qui sont calvinistes dans les Pays-Bas et catholiques dans la Belgique. Leurs gouvernements sont des monarchies représentatives.

L'industrie et l'activité des Hollandais ont transformé en champs fertiles et en excellents pâturages leurs contrées marécageuses, dont le sol est si peu élevé au-dessus de la mer, qu'elles ne sont préservées de l'irruption des eaux qu'à l'aide de fortes digues. La Belgique jouit d'un climat moins humide et plus sain; et son sol, d'une admirable fertilité en grains, tabac, etc., renferme d'abondantes mines de fer et de houille. Les deux peuples se distinguent par leur industrie, dont les toiles, les dentelles, les soieries et les draps sont les produits les plus remarquables.

## 51. SUISSE.

BORNES. — La Suisse a pour bornes :
Au N. l'Allemagne ;
A l'O. la France ;
Au S. l'Italie ;
A l'E. l'Autriche.

DIVISION. — La Suisse forme une république composée de 22 cantons indépendants les uns des autres.

VILLES PRINCIPALES. — Au N. — BALE, sur le Rhin, la ville la plus commerçante de la Suisse, près des frontières de la France ; — ZURICH, sur le lac du même nom ; — SCHAFFOUSE, chef-lieu du canton le plus septentrional de la Suisse.

Au centre. — BERNE, chef-lieu du canton le plus grand et le plus peuplé ; — NEUFCHATEL, sur le lac de ce nom, chef-lieu d'un canton qui reconnaît pour souverain le roi de Prusse ; — FRIBOURG, au S.-O. de Berne.

Au S.-O. — GENÈVE, à l'endroit où le Rhône sort du lac Léman, la ville la plus considérable de la Suisse ; — LAUSANNE, sur le même lac.

52. Étendue, population, religion, gouvernement — La Suisse, une des contrées les plus élevées de l'Europe, est couverte par les nombreuses ramifications des Alpes. Elle contient environ 1300 lieues carrées et 2 millions d'habitants, dont 1 million 300 mille environ sont calvinistes et 700 mille catholiques. Chaque canton a son gouvernement particulier ; mais les affaires qui intéressent la Confédération sont réglées dans une diète qui est préidé par le chef du Canton où elle s'assemble.

Climat, productions. — La présence de montagnes couvertes de glaces éternelles rend le climat de la Suisse généralement froid ; il faut dire cependant qu'on y peut jouir en quelques heures de toutes les variétés de température que l'on rencontre dans l'Europe entière ; car, tandis qu'un hiver rigoureux et perpétuel règne sur le sommet des Alpes, on goûte dans les vallées les douceurs du printemps. Peu fertile en grains, ce pays possède d'excellents pâturages qui nourrissent de nombreux troupeaux ; aussi le beurre et le fromage sont-ils pour lui d'importants objets de commerce. Le défaut de ressources force les Suisses à s'expatrier pour aller vendre leurs services militaires aux grandes puissances de l'Europe, dont plusieurs en prennent à leur solde. Dans le canton du *Valais*, un des plus méridionaux de la Suisse, on trouve un assez grand nombre de *Crétins*, race d'hommes dégénérés, défigurés par des goîtres énormes, et qui sont sourds, muets, imbécilles, et presque insensibles.

Curiosités naturelles. — Les plus remarquables de la Suisse sont les immenses glaciers connus sous le nom de *Mer de Glace* ; la *Chute du Rhin*, à une lieue de Schaffouse, où ce fleuve, large en cet endroit de 300 pieds, se précipite de 60 pieds de hauteur ; la *Chute de Staubach*, qui a 750 pieds de haut.

## ALLEMAGNE PROPRE.

53. NOTIONS GÉNÉRALES. — Nous comprenons sous le nom d'*Allemagne Propre* tous les États secondaires de l'Allemagne qui, avec une partie de ceux de Prusse et d'Autriche, et les provinces du Danemark et des Pays-Bas que nous avons nommées ( 38 et 48 ), forment la *Confédération Germanique*.

BORNES. — L'Allemagne propre a pour bornes :

Au N. la Baltique, le Danemark et la mer du Nord;
A l'O. les Pays-Bas et la France ;
Au S. la Suisse et l'Autriche;
A l'E. l'Autriche et la Prusse.

DIVISION. — Les États de la Confédération Germanique sont au nombre de 38 ; mais 4 de ces États, l'Autriche, la Prusse le Danemark et les Pays-Bas, n'appartiennent pas, ou n'appartiennent qu'en partie à l'Allemagne propre; parmi les 34 qui y sont compris en totalité, on remarque surtout 4 royaumes, 12 duchés ou grands-duchés, 4 villes libres.

54. ROYAUMES. — Les quatre royaumes de l'Allemagne propre sont :

1° Le HANOVRE, au N.-O., appartenant au roi d'Angleterre.

CAPITALE. — HANOVRE, vers le S.

2° La SAXE, vers l'E.

CAPITALE. — DRESDE, sur l'Elbe.

3° Le WURTEMBERG, au S.-O.

CAPITALE. — STUTTGARD, vers le centre.

4° La BAVIÈRE, au S.-E.

CAPITALE. — MUNICH, vers le S., une des plus belles villes de l'Europe.

La Bavière comprend en outre, sur la rive gauche du Rhin, un territoire assez étendu, dont la capitale est *Spire*.

55. ÉTENDUE, POPULATION, GOUVERNEMENT ET RELIGIONS. — Ces quatre royaumes, qui sont les états les plus considérables de l'Allemagne propre, peuvent, d'après leur importance, être rangés ainsi :

| | Lieues carrées. | Population. |
|---|---|---|
| Bavière . . . . . | 3,841 | 3,960,000 |
| Wurtemberg. . . | 993 | 1,550,000 |
| Hanovre. . . . . | 1,931 | 1,520,000 |
| Saxe . . . . . . | 754 | 1,400,000 |

Ils ont tous quatre des gouvernements constitutionnels. Le luthéranisme y domine, si ce n'est en Bavière, où le roi et les deux tiers des habitants sont catholiques.

56. DUCHÉS. — Les 12 principaux duchés de l'Allemagne propre sont :

1° Le grand-duché d'OLDENBOURG, au N.-O. ; capitale : *Oldenbourg* ;

2° Celui de MECKLENBOURG-SCHWÉRIN, au N. ; capitale : *Schwérin* ;

3° Celui de MECKLENBOURG-STRÉLITZ, au N.-E. ; capitale : *Neu-Strélitz* ;

4° Le duché de BRUNSWICK, au S.-E. du Hanovre ; capitale : *Brunswick* ;

5° Le duché ou l'électorat de HESSE-CASSEL, au centre ; capitale : *Cassel* ;

6° Le grand-duché de HESSE-DARMSTADT, à l'O. ; capitale : *Darmstadt* ;

7° Le duché de NASSAU, à l'O. de Hesse-Darmstadt ; capitale : *Wiesbaden* ;

8° Le grand-duché de BADE, séparé de la France par le Rhin ; capitale : *Carlsruhe*.

Enfin les quatre duchés de Saxe, à l'E. du royaume de Saxe, distingués entre eux par les noms de leurs capitales, savoir :

9° Le grand-duché de SAXE-WEIMAR ;

10° Le duché de SAXE-COBOURG et GOTHA ;

11° Le duché de SAXE-MEININGEN ;

12° Le duché de SAXE-ALTENBOURG.

57. VILLES LIBRES. — Les quatre villes libres de l'Allemagne sont :

LUBECK, à l'E. du Holstein, près de la Baltique.

HAMBOURG, au S. du Holstein, sur l'Elbe, la plus considérable et la plus commerçante des quatre ;

BRÊME, à l'E. d'Oldenbourg, sur le Wéser.

FRANCFORT-SUR-LE-MEIN, dans le grand-duché de Hesse-Darmstadt. C'est dans cette ville que se réunit la *Diète*, ou assemblée chargée de régler les affaires de la Confédération Germanique.

58. ÉTENDUE, POPULATION ET RELIGIONS DE L'ALLEMAGNE PROPRE. — Les trente-quatre États que nous comprenons sous le nom d'*Allemagne propre*, embrassent une étendue de 12 mille lieues carrées environ, et une population de plus de 13 millions et demi d'habitants. Le luthéranisme domine dans tout le nord, et la religion catholique dans le midi.

CLIMAT ET PRODUCTIONS. — Le climat de l'Allemagne est froid et humide dans le nord, couvert en grande partie de landes et de marécages ; le centre et le midi sont entrecoupés de montagnes, de vallons très fertiles et d'immenses forêts, dont la plus célèbre est la *Forêt Noire*, dans le grand duché de Bade et le Wurtemberg. La température y est généralement douce et salubre. Les bords du Rhin produisent des vins estimés. Les montagnes du centre, parmi lesquelles on distingue celles du *Harz*, au S-E. du Hanovre, sont riches en métaux de toute espèce, et particulièrement en argent et en plomb ; celles du *Erz*, qui séparent le royaume de Saxe de l'empire d'Autriche, recèlent d'abondantes mines d'un fer excellent que les Allemands ont l'art de travailler avec une rare perfection. Toutes ces montagnes renferment aussi un grand nombre de pierres précieuses, telles que des topazes, des agathes, des améthystes, et du cristal de roche.

59. ÉTENDUE, POPULATION ET GOUVERNEMENT DE LA CONFÉDÉRATION GERMANIQUE. — En ajoutant aux États Allemands que, nous avons réunis sous le nom d'*Allemagne propre*, les provinces du Danemark (38), des Pays-Bas (48), de la Prusse (62), et de l'Autriche (65), qui appartiennent à la Confédération Germanique, on aura, pour la totalité des pays qu'embrasse cette confédération, une superficie de 33 mille lieues carrées environ, et une population de 31 millions d'habitants, dont 18 millions catholiques et 12 millions protestants, et le reste juifs, grecs ou appartenant à des sectes diverses.

Tous les souverains qui possèdent des États dans la Confédération Germanique sont représentés, en proportion de l'importance de leurs possessions, à la diète de Francfort, qui se compose de 17 membres pour toutes les affaires ordinaires, et de 69 dans les affaires qui touchent aux lois fondamentales. La présidence de ces diètes appartient à l'Autriche, l'état le plus puissant de la Confédération. Cette Confédération entretient une armée fédérale, forte de 301,637 hommes fournis par les divers états qui la composent à raison d'un homme par 100 habitants; elle est commandée par un général nommé par la diète.

## 60. PRUSSE.

BORNES. — La Prusse a pour bornes :

Au N. la Baltique et le Mecklenbourg ;
A l'O. le Hanovre ;
Au S. la Saxe et l'Autriche ;
A l'E. la Pologne et la Russie.

Dans ces bornes n'est pas compris le *Grand-Duché du Bas-Rhin*, qui appartient aussi à la Prusse, et qui s'étend sur les deux rives du Rhin, entre les Pays-Bas à l'O., et le Hanovre à l'E.

CAPITALE. — BERLIN, sur la *Sprée*, rivière qui se jette dans l'Elbe.

VILLES REMARQUABLES. — A l'O. — COLOGNE, sur le Rhin, la ville la plus importante du grand-duché du Bas-Rhin.

Au S. — BRESLAU, sur l'Oder, la seconde ville du royaume par sa population.

Au N.-E. — DANTZIG, près de l'embouchure de la Vistule, le principal port du royaume ; — KOENIGSBERG, au N.-E. de Dantzig, ancienne capitale de la Prusse proprement dite, ou *Prusse royale*

ILES. — La Prusse possède dans la mer Baltique trois îles, savoir : *Wollin*, *Uzedom*, entre les embouchures de l'Oder, et *Rugen*, au N.-O. des précédentes.

61. ÉTENDUE, POPULATION, RELIGIONS, GOUVERNEMENT. — Les États Prussiens occupent une superficie de 14 mille lieues carrées, et renferment une population de 12 millions et demi d'habitants, dont 8 millions et demi sont luthériens ou calvinistes, et 4 millions environ catholiques. La Prusse n'a pris rang parmi les royaumes de l'Europe que depuis le commencement du siècle dernier. Son gouvernement est absolu ; cependant une constitution lui est promise, et déjà même plusieurs provinces, entre autres celles des bords du Rhin, jouissent, dans des États provinciaux, d'une sorte de représentation nationale.

CLIMAT, PRODUCTIONS. — Le climat et les productions de la Prusse sont à peu près les mêmes que ceux de l'Allemagne propre (58). Les montagnes du *Harz*, riches en métaux précieux, s'étendent dans la partie méridionale. A leur pied se trouvent de belles vallées riches en gras pâturages. Le Grand-Duché du Bas-Rhin est généralement fertile en grains et en vins du Rhin, quoique en partie couvert de forêts. On recueille sur les bords de la mer, vers les embouchures de la Vistule, une grande quantité de succin ou ambre jaune.

62. PROVINCES APPARTENANT A LA CONFÉDÉRATION GERMANIQUE. — Elles composent toute la partie occidentale et méridionale des États Prussiens, c'est-à-dire la portion la plus belle et la plus considérable de ce royaume, avec une population d'environ 8 millions d'habitants.

## 63. AUTRICHE.

BORNES. — La Monarchie Autrichienne se compose de plusieurs royaumes et états qui ont pour bornes :

Au N. la Russie, la Pologne, la Prusse et la Saxe ;

A l'O. la Bavière et la Suisse ;

Au S. l'Italie, la mer Adriatique et la Turquie ;

A l'E. la Turquie et la Russie.

CAPITALE. — VIENNE, sur le Danube, la plus grande ville de l'Allemagne.

VILLES REMARQUABLES. — Au N. — PRAGUE, au centre du royaume de *Bohême*, dont elle est la capitale.

Au S. — TRIESTE, sur l'Adriatique, port très commerçant, et la plus grande ville du royaume d'*Illyrie*.

A l'E.-BUDE ou OFEN, sur la rive droite du Danube, capitale du royaume de *Hongrie*. Elle communique par un pont de bateaux avec PEST, située sur l'autre rive du Danube, et la ville la plus considérable de la Hongrie, dont l'ancienne capitale est *Presbourg*, sur le Danube.

ILES. — Les îles Illyriennes, répandues

en très grand nombre dans la mer Adriatique, le long de la côte du royaume d'Illyrie, dont elles dépendent, sont les seules îles qui appartiennent à l'Autriche.

64. ÉTENDUE, POPULATION, RELIGIONS, GOUVERNEMENT. — La Monarchie Autrichienne, en y comprenant le royaume Lombard-Vénitien, qui lui appartient, mais qui fait partie de l'Italie, où nous le décrirons (73), occupe une superficie d'environ 34 mille lieues carrées, avec une population de 32 millions d'habitants. Cette vaste monarchie se compose de plusieurs parties tout-à-fait distinctes, qui sont, outre l'*Autriche* proprement dite, le royaume de *Bohême*, le royaume de *Hongrie*, les royaumes de *Slavonie* et de *Croatie*; la principauté de *Transylvanie*, le royaume de *Galicie*, formé d'une partie de la Pologne, le royaume *Lombard-Vénitien*, le royaume d'*Illyrie* et celui de *Dalmatie*. L'empereur et la majeure partie des habitants sont catholiques; mais on y trouve aussi beaucoup de grecs et de protestants. Le gouvernement est monarchique et absolu, si ce n'est dans les provinces de *Hongrie* et de *Transylvanie*, où l'empereur partage avec les États le droit de faire les lois.

CLIMAT ET PRODUCTIONS.—L'empire d'Autriche est une des plus belles contrées de l'Europe, une des plus fertiles en grains, en vins renommés, parmi lesquels on distingue celui de *Tokai*, en Hongrie, et la plus riche en mines de toute espèce. De hautes montagnes en couvrent la partie méridionale. La température y est douce et salubre.

65. PROVINCES APPARTENANT A LA CONFÉDÉRATION GERMANIQUE. — Elles comprennent toute la partie occidentale de la monarchie, avec une population de 10 millions d'habitants.

# EUROPE MÉRIDIONALE.

## 66. PORTUGAL.

BORNES. — Le Portugal a pour bornes :

| | |
|---|---|
| Au N.<br>A l'E. | l'Espagne. |
| A l'O.<br>Au S. | l'océan Atlantique. |

CAPITALE. — LISBONNE, excellent port. à l'embouchure du Tage.

VILLE REMARQUABLE. — Au N. — PORTO ou OPORTO, port très commerçant, à l'embouchure du Douro, la seconde ville du royaume, renommée par ses vins.

67. ÉTENDUE, POPULATION, RELIGION, GOUVERNEMENT. — Le Portugal a 5 mille lieues carrées et 3 millions et demi d'habitants, professant presque tous la religion catholique. Le gouvernement est, depuis l'année 1834, une monarchie constitutionnelle.

CLIMAT, PRODUCTIONS. — Le Portugal jouit d'un climat doux et sain, favorable à la culture de la vigne, de l'oranger, du citronnier. Le sol, entrecoupé de montagnes, de collines et de belles vallées, est généralement fertile, mais il est mal cultivé.

POSSESSIONS LOINTAINES. — Le Brésil (232), ancienne colonie du Portugal, forme aujourd'hui un État indépendant ; mais il lui reste encore dans l'Asie (116), dans l'Océanie (248), et surtout en Afrique (153, 158, 165, 167, 171), de nombreuses possessions.

## 68. ESPAGNE.

BORNES. — L'Espagne a pour bornes :

Au N. les Pyrénées et l'Atlantique ;
A l'O. l'Atlantique et le Portugal ;
Au S. le détroit de Gibraltar et la Méditerranée ;
A l'E. la Méditerranée.

CAPITALE. — MADRID, au centre, sur le *Mançanarès*, petit ruisseau qu'on passe sur un pont magnifique.

VILLES REMARQUABLES. — A l'E. — BARCELONNE, port sur la Méditerranée, la seconde ville de l'Espagne ; — VALENCE, près de la Méditerranée, ancienne capitale d'un royaume.

Au S. — GRENADE, SÉVILLE, qui furent aussi capitales de royaumes ; — CADIX, port très commerçant, sur la Méditerranée. La ville est située sur une petite île très fortifiée, et fut prise par les Français en 1823.

ILES. — L'Espagne possède en Europe :

| | |
|---|---|
| *Majorque*, | situées vis-à-vis la côte orientale, dans la Méditerranée. |
| *Minorque*, | |
| *Ivica*, | |

69. Gibraltar, situé au S. de l'Espagne, sur le détroit qui porte son nom, est une forteresse imprenable sur un rocher de 1400 pieds de haut. Elle appartient aux Anglais.

70. Étendue, population, religion, gouvernement. — L'Espagne a une superficie de 24 mille lieues carrées environ, et une population de 14 millions d'habitants qui professent tous la religion catholique, la seule qui soit tolérée dans ce royaume. Le gouvernement est une monarchie représentative.

Climat, productions. — L'Espagne, traversée en tous sens par de hautes chaînes de montagnes, jouit pour cette raison d'une température moins chaude que celle qu'elle devrait éprouver d'après sa position; cependant les côtes méridionales sont exposées à de grandes chaleurs, et même aux funestes effets d'un vent brûlant d'Afrique nommé le *Solano*. Le sol, mal cultivé, supplée par sa fertilité à la paresse des habitants, et donne les mêmes productions qu'en Portugal. Les riches mines d'or et d'argent, d'où les Carthaginois et les Romains tirèrent d'immenses trésors, ont cessé d'être exploitées; mais le fer, le plomb, le cuivre et les marbres précieux s'y trouvent encore en abondance. La laine fine des moutons *mérinos*, la soie et les vins y sont aussi d'importants objets de commerce.

Possessions lointaines. — Ce peuple, qui découvrit et conquit le Nouveau-Monde, n'y possède plus aujourd'hui qu'une faible partie des contrées soumises autrefois à sa domination (205, 206, 213), il faut y ajouter quelques possessions en Afrique (150 171), et dans l'Océanie (242, 258).

## 71. ITALIE.

BORNES. — L'Italie a pour bornes :
Au N. l'Allemagne et la Suisse;
A l'O. la France et la Méditerranée;
Au S. la mer Ionienne;
A l'E. l'Adriatique et l'Autriche.

DIVISION. — L'Italie, avec les îles qui en dépendent, forme 12 États, dont 5 grands et 7 petits.

Les 5 grands sont :

72. 1° Le royaume de SARDAIGNE.

POSITION. — Il est situé au N.-O. de l'Italie et à l'E. de la France, dont il est séparé par le Rhône et les Alpes. Il comprend en outre l'île de *Sardaigne*, située dans la Méditerranée.

CAPITALE. — TURIN, sur le Pô, au centre, une des plus belles villes de l'Italie.

VILLES REMARQUABLES. — ALEXANDRIE, ville très forte; non loin de laquelle se trouve le village de *Marengo*, célèbre par une fameuse victoire des Français; — GÊNES, sur le golfe auquel elle donne son nom; — CAGLIARI, au S. de l'île de Sardaigne, dont elle est la capitale.

73. 2° Le royaume LOMBARD-VÉNITIEN.

POSITION. — Il est situé au S. O. de l'empire d'Autriche, dont il est une dépendance, ( 63 et 64 ).

CAPITALE. — MILAN, à l'O., la plus grande ville du nord de l'Italie, au milieu de l'immense plaine de la *Lombardie*, célèbre par son admirable fertilité.

VILLE REMARQUABLE. — A l'E. — VENISE bâtie dans la mer Adriatique sur 60 petites îles formées par des canaux qui y servent de rues et que parcourent en tous sens des *gondoles*, qui, dans cette ville, remplacent les voitures.

74. 3° Le grand-duché de TOSCANE.

POSITION. — Il est situé à l'O. de l'Italie centrale.

CAPITALE. — FLORENCE, sur le petit fleuve de l'*Arno*, une des plus belles villes de l'Italie ; patrie d'Améric Vespuce.

VILLE REMARQUABLE. — LIVOURNE, port très commerçant, sur la Méditerranée.

ILE. — L'île d'*Elbe*, située sur la côte de la Toscane, lui appartient.

75. 4° Les États de l'Église.

position. — Ils sont situés à l'E. et au S. de la Toscane.

capitale. — Rome, au S. O., sur le Tibre, résidence du pape. Cette ancienne capitale du monde civilisé est encore la ville la plus riche en beaux monuments anciens et modernes.

villes remarquables. — Au N. — Bologne, fameuse université; — Ravenne, à une lieue de la mer Adriatique.

76. 5° Le royaume des Deux-Siciles.

position. — Il occupe tout le S. de l'Italie, et comprend en outre plusieurs îles, dont celle de *Sicile* est la principale.

capitale. — Naples, bâtie en amphithéâtre au fond d'un golfe de la Méditerranée, la plus grande ville de l'Italie.

villes remarquables. — Au S. E. — Tarente, sur le golfe de son nom; — Otrante, sur le canal qui donne entrée à l'Adriatique.

En Sicile: — Palerme, au N., capitale de la Sicile; — Messine, port, sur le phare de Messine.

77. Les 7 petits États de l'Italie sont :

La principauté de MONACO, enclavée dans le royaume de Sardaigne, au S. O.

Le duché de PARME,
Le duché de MODÈNE qui comprend celui de MASSA,
Le duché de LUCQUES,
} situés au S. E. du royaume de Sardaigne.

La république de SAINT-MARIN, enclavée dans les Etats de l'Eglise, au N.

MALTE et ses dépendances, dans la Méditerranée, appartenant à l'Angleterre ; capitale : *la Valette* :

Tous les autres États ont pour capitales les villes dont ils portent les noms.

78. ILES. — Le long de la côte occidentale du royaume des Deux-Siciles, sont répandues beaucoup de petites îles qui appartiennent à ce royaume, et dont les plus remarquables sont les îles volcaniques de *Lipari*, réunies en groupe au N. de la Sicile. La plus grande d'entre elles, nommée *Lipari*, a donné son nom au groupe.

79. **Étendue et population de l'Italie.** — L'Italie, avec les îles qui en dépendent, a une superficie de 15,500 lieues carrées environ, et une population de plus de 19 millions d'habitants, qui se répartissent de la manière suivante :

| | Lieues carrées, | Population. |
|---|---|---|
| Deux-Siciles . . . . . . . . | 5,521 | 5,822,203 |
| Royaume de Sardaigne . . . | 3,646 | 4,300,000 |
| Roy. Lombard-Vénitien . . | 2,368 | 4,237,000 |
| États de l'Église . . . . . . . . | 2,257 | 2,590,000 |
| Toscane . . . . . . . . . . . | 1,098 | 1,275,000 |
| Petits États . . . . . . . . . . | 624 | 975,000 |

**Religion, Gouvernement.**—La presque totalité des habitants de l'Italie est catholique. Tous les gouvernements y sont monarchiques et absolus, à l'exception de celui de Saint-Marin, qui est républicain. Celui des États de l'Église a pour chef le pape, qui est élu par les cardinaux.

**Climat, productions.** — L'Italie est la contrée de l'Europe qui jouit du climat le plus riant et le plus serein. Le sol y est agréablement diversifié par la chaîne de l'*Apennin* qui la traverse dans toute son étendue. Le nord, entouré de hautes montagnes qui donnent naissance à une multitude de lacs et de rivières, est la partie la moins chaude; mais c'est la plus fertile en grains de toute espèce, en vins et en gras pâturages. Plus au sud croissent l'olivier, le citronnier, le pistachier, le grenadier, le cotonnier et la canne à sucre. Entre Rome et Naples se trouvent les cantons malsains connus sous le nom de *Marais Pontins*. Enfin, la partie méridionale, couverte en partie de montagnes et de forêts, et mal cultivée, quoique fertile, est sujette à de violents tremblements de terre.

## 80. TURQUIE.

BORNES. — La Turquie Européenne a pour bornes :

Au N. la Russie et l'Autriche ;
A l'O. l'Autriche et l'Adriatique ;
Au S. la Grèce, l'Archipel et la mer de Marmara ;
A l'E. le canal de Constantinople et la mer Noire.

CAPITALE. — CONSTANTINOPLE, sur le détroit qui porte son nom.

VILLES REMARQUABLES. — Au N. — BELGRADE, sur le Danube, ville très forte ; — BOUKHAREST, la plus grande ville des provinces situées au N. du Danube.

Vers le centre : — ANDRINOPLE, ancienne capitale de la Turquie ; — SALONIQUE, port très commerçant, sur le golfe de son nom.

ILES — La Turquie possède dans le N. de l'Archipel quelques petites îles dont les plus remarquables sont : *Tasso*, *Samothraki*, *Imbro* et *Stalimène*. — Au S. de l'Archipel se trouve la grande île de CANDIE ou de CRÈTE ; les capitales de toutes ces îles portent les mêmes noms qu'elles.

## 81. GRÈCE.

BORNES. — La Grèce a pour bornes :

Au N. la Turquie ;
A l'O. la mer Ionienne ;
Au S. la Méditerranée ;
A l'E. l'Archipel.

CAPITALE. — ATHÈNES, dans une presqu'île située vers le S.-E., l'une des villes les plus célèbres de l'antiquité.

VILLES REMARQUABLES. — A l'O. — PATRAS, près du golfe qui porte son nom. — Au S.-O. - NAVARIN, port sur la mer Ionienne, célèbre par la victoire navale que les Français, les Anglais et les Russes y remportèrent en 1827 sur les Turcs et les Egyptiens. — A l'E. — NAUPLIE, port qui a été pendant plusieurs années le siége du gouvernement. — CORINTHE, sur l'isthme qui joint la Morée à la Grèce.

ILES. — A la Grèce appartiennent :

1° Une grande île, savoir : *Negrepont*, séparée du continent par un détroit fort resserré sur lequel on a jeté un pont ;

2° Un grand nombre de petites, parmi lesquelles on remarque : *Hydra*, sur la côte de la Morée ; — les *Cyclades*, dans la partie méridionale de l'Archipel.

82. NOTIONS DIVERSES SUR LA TURQUIE. — La Turquie paraît renfermer, en y comprenant les îles qui en dépendent, 24 mille lieues carrées au moins, et environ 9 millions d'habitants, dont un tiers seulement, réuni dans les provinces centrales et orientales, appartient à la religion mahométane; presque tout le reste, à l'exception d'un nombre peu considérable de catholiques romains et de juifs, fait partie de l'église grecque. Le gouvernement de ce pays est despotique; le souverain, appelé *Padichah*, et que nous nommons aussi *le Sultan* ou le *Grand-Seigneur*, dispose à son gré de la vie et des biens de ses sujets. Découragés et anéantis par une semblable administration, l'agriculture, l'industrie et le commerce ne peuvent tirer qu'un faible parti du sol fertile de cet empire et de la position admirable qu'il occupe entre l'Europe, l'Asie, et l'Afrique. Les réformes opérées par le souverain actuel ne paraissent pas devoir être assez puissantes pour arrêter la rapide décadence de la monarchie Musulmane, et pour remédier à la faiblesse dont elle a fait preuve dans la lutte que le sultan a soutenue avec désavantage, en 1832, contre le vice-roi d'Égypte, le plus puissant de ses vassaux.

82 *bis*. NOTIONS DIVERSES SUR LA GRÈCE. — La Grèce, en y comprenant les îles qui lui appartiennent, a une superficie que l'on peut évaluer à 2750 lieues carrées; mais sa population, très affaiblie par les malheurs d'une guerre longue et désastreuse, ne s'élève pas à plus de 600 mille habitants, partagés inégalement entre l'église grecque, qui est dominante, et l'église romaine. Le gouvernement de la Grèce est monarchique et a pour chef le prince Othon de Bavière, qui en a été reconnu roi en 1833. La fertilité du sol de ce pays, le génie de ses habitants, leur activité et leur aptitude pour le commerce et la navigation promettent à ce nouvel État, lorsqu'un gouvernement sage aura cicatrisé ses plaies, une haute prospérité.

## 83. ILES IONIENNES.

POSITION. — Les îles Ioniennes, situées sur les côtes occidentale et méridionale de la Grèce, forment une république sous la protection de l'Angleterre.

NOMS. — On en compte 7 principales, qui sont, du N. au S. :

CORFOU, avec une capitale du même nom, qui est le siége du gouvernement;

PAXO, la plus petite des sept;

SAINTE-MAURE; autrefois unie au continent;

THIAKI, ancienne Ithaque, patrie d'Ulysse;

CÉPHALONIE, la plus grande des îles Ioniennes;

ZANTE, nommée la *Fleur du Levant* à cause de sa fertilité;

CÉRIGO, l'ancienne Cythère, au S. de la Morée.

84. POPULATION, RELIGION, CLIMAT, ET PRODUCTIONS. — Les îles Ioniennes renferment, sur une surface de 131 lieues carrées, une population de 176 mille habitants, professant la religion grecque. On y jouit d'un printemps presque perpétuel. Le sol, généralement rocailleux et aride, produit des oliviers, des citronniers, des orangers, des figuiers et de la vigne.

# ASIE.

85. NOTIONS GÉNÉRALES. — L'Asie occupe toute la portion orientale de l'ancien continent. Elle est la plus grande des cinq parties du monde et celle qui renferme le plus d'habitants.

BORNES. L'Asie a pour bornes :

Au N. l'océan Glacial Arctique ;

A l'O. le fleuve Kara, la chaîne des monts Poyas ou Ourals, le fleuve Oural, la mer Caspienne, la chaîne du Caucase, la mer Noire, le détroit de Constantinople, la mer de Marmara, le détroit des Dardanelles, l'Archipel, la Méditerranée, l'isthme de Suez, et le golfe Arabique ;

Au S. la mer des Indes ;

A l'E. le Grand-Océan et les mers qu'il forme.

85. ÉTENDUE, CLIMAT ET PRODUCTIONS DE L'ASIE. — L'Asie, en y comprenant les îles qui en dépendent, occupe une superficie évaluée à environ 2 millions 200 mille lieues carrées ; mais elle renferme de vastes déserts, dont le plus remarquable est celui qu'on nomme *Gobi* ou *Chamo*, qui occupe au centre une plaine immense et fort élevée, où l'hiver est long et rigoureux, et où l'on trouve rarement quelques traces de végétation. Les régions comprises au N.

entre ce plateau et l'Océan Glacial Arctique, sont exposées pendant l'hiver à des froids excessifs, et pendant l'été à des brouillards épais qui nuisent singulièrement à la végétation, qui y est toujours languissante; celles qui sont situées à l'O. et à l'E. jouissent d'un climat doux et salubre, qui favorise la culture des grains de toute espèce, de l'olivier, du cotonnier et des fruits les plus délicieux; enfin, celles qui s'étendent vers le S. et le S.-O. ne connaissent que deux saisons : des pluies continuelles ou quelquefois une sécheresse affreuse d'avril à novembre, et un ciel doux et serein pendant le reste de l'année. C'est dans cette partie de l'Asie que la végétation déploie une magnificence surprenante; ainsi on y voit croître le caféier, le dattier et l'encens en Arabie; le cocotier, l'indigotier et la canne à sucre dans les deux Indes, le cannelier à Ceylan, l'arbre à thé dans la Chine, et une foule d'autres plantes précieuses.

POPULATION ET RELIGIONS.—L'Asie, berceau du genre humain, a été aussi le siége des premiers empires. Les arts, les sciences, presque toutes les religions, y ont pris naissance. Sa population est mal connue; elle peut être évaluée à 390 millions d'habitants, qui se partagent à peu près également entre la race jaune et la race blanche : il se trouve aussi quelques nègres dans les îles du sud. Berceau de toutes les religions qui dominent dans le monde, l'Asie voit sa nombreuse population partagée entre elles de la manière suivante :

| | |
|---|---|
| Bouddhisme, au S.-E., | 170,000,000 |
| Brahmisme, au S., | 60,000,000 |
| Mahométisme, au S.-O., | 76,000,000 |
| Christianisme à l'O. surtout, | 3,000,000 |
| Religion de Confucius, } à la Chine, Culte des esprits, } Religion de Sinto, au Japon, | 75,000,000 |
| Sectes diverses et idolâtrie, | 4,000,000 |
| Juifs, | 6,630,000 |

87. Division de l'Asie. — L'Asie se divise en 11 parties principales, savoir :

| | |
|---|---|
| 1 au Nord | La Sibérie. |
| 2 à l'Ouest | La Turquie d'Asie;<br>L'Arabie. |
| 4 au centre | Le Turkestan;<br>La Perse;<br>L'Afghanistan;<br>Le Béloutchistan. |
| 2 au Sud | L'Hindoustan;<br>L'Indo-Chine. |
| 2 à l'Est | La Chine;<br>Le Japon. |

Iles. — Parmi les îles de l'Asie, les principales sont celles qui forment l'empire du Japon, et qui sont situées dans le Grand-Océan, sur la côte orientale de l'Asie. Outre cet important archipel, on peut citer encore :

Ceylan, dans la mer des Indes, à la pointe de l'Hindoustan.

Formose, dans le Grand-Océan.

Hai-nan, dans la mer de la Chine.

88. MERS QUI BAIGNENT L'ASIE. — Outre la mer Caspienne, la mer Noire, la mer de Marmara, l'Archipel et la Méditerranée, que nous avons nommées comme servant à former une partie des bornes occidentales de l'Asie (85), le Grand-Océan, qui en baigne la côte orientale, forme sur cette côte les 6 mers suivantes; savoir, du N. au S. :

La mer de *Béhring*, entre l'extrémité orientale de la Sibérie, et la presqu'île du Kamtschatka (93) à l'O., et l'Amérique septentrionale à l'E.;

La mer d'*Okhotsk*, entre la Sibérie à l'O. et le Kamtschatka à l'E. La partie méridionale de cette mer, comprise entre la grande île nommée *Tarrakaï* et la chaîne des îles *Kouriles*, prend aussi quelquefois le nom de mer *Tarrakaï* ou des *Kouriles*;

La mer du *Japon*, entre la Mantchourie, province de l'empire Chinois au N.-O., et les îles qui composent l'empire du Japon à l'E.;

La mer *Jaune*, } à l'E. de la Chine;
La mer *Bleue*, }

La mer de la *Chine*, au S.-E. de la Chine et de l'Indo-Chine.

89. GOLFES. — Les mers de l'Asie forment sur ses côtes 9 Golfes principaux, savoir :

1 formé par l'Océan Glacial Arctique :

Le golfe de l'*Obi*, à l'embouchure du fleuve du même nom, sur la côte septentrionale de la Sibérie.

3 formés par des parties du Grand-Océan :

Le golfe de *Siam*, } formés par la mer de la Chine, au S.-E. de l'Indo-Chine,
Le golfe de *Tonkin*, }

Le golfe d'*Anadir*, formé par la mer de Béhring à l'E. de la Sibérie

5 formés par la mer des Indes :

Le golfe d'*Oman*, entre l'Arabie et l'Hindoustan ;

Le golfe d'*Aden*, formé par le golfe d'Oman, entre l'Arabie et l'Afrique.

Le golfe *Arabique*, nommé aussi la *mer Rouge*, formé par le golfe d'Aden, et qui sépare à l'E., l'Arabie de l'Afrique.

Le golfe *Persique*, formé par le golfe d'Oman, entre l'Arabie et la Perse ;

Le golfe du *Bengale*, entre l'Hindoustan et l'Indo-Chine.

90. DÉTROITS. — Outre les détroits de *Constantinople* et des *Dardanelles*, dont nous avons parlé (25), on doit encore remarquer en Asie 6 Détroits principaux, savoir :

Le détroit de *Bab-el-Mandeb*, qui fait communiquer le golfe d'Aden avec le golfe Arabique, entre l'Arabie et l'Afrique.

Le détroit d'*Ormouz*, qui fait communiquer le golfe d'Oman avec le golfe Persique, entre l'Arabie et la Perse ;

Le détroit de *Malakka*, qui fait communiquer la mer des Indes avec le Grand-Océan, entre la presqu'île de Malakka dans l'Indo-Chine, et l'île de Sumatra dans l'Océanie ;

La *Manche de Tarrakaï*, entre la Mantchourie, province de l'empire Chinois ; et l'île de Tarrakaï (88) ;

Le détroit de la *Pérouse*, qui fait communiquer la mer du Japon avec celle de Tarrakaï, entre l'île de ce nom et l'île d'Iesso, une de celles du Japon ;

Le détroit de *Béhring*, qui fait communiquer la mer de Béhring avec l'océan Glacial Arctique, entre l'Asie et l'Amérique septentrionale.

91. **Fleuves.** — Les Fleuves de l'Asie, au nombre de 12 principaux, se distribuent de la manière suivante entre les mers qui en baignent les côtes, savoir :

3 tombent dans l'océan Glacial, savoir :

La *Lena* ;
L'*Iénisei*, } qui arrosent la Sibérie.
L'*Obi*,

5 dans la mer des Indes, savoir :

1 par le golfe Persique :

Le *Chat-el-Arab*, formé de la réunion de l'*Euphrate* et du *Tigre*, qui arrosent la Turquie d'Asie.

1 par le golfe d'Oman :

Le *Sind* ou *Indus*, qui arrose l'Afghanistan et le N.-O. de l'Hindoustan.

3 par le golfe de Bengale :

Le *Gange*, } qui arrosent le N.-E. de l'Hi-
Le *Brahmapouter*, } doustan ;
Le *Dzangbo* ou *Iraouady*, qui arrose le Tbet et l'Indo-Chine.

1 dans la mer de la Chine :

Le *May-Kang* ou *Ménam-Kong*, nommé aussi *Cambodje*, qui vient du Tibet et traverse l'Indo-Chine du N.-O. au S.-E.

3 dans le Grand-Océan, dont :

1 par la mer Bleue : c'est

Le fleuve *Bleu*, ou *Yang-tseu-Kiang*, qui arrose la Chine.

1 par la mer Jaune : c'est

Le fleuve *Jaune* ou *Hoang-Ho*, qui arrose aussi la Chine.

1 par la mer d'Okhotsk : c'est

L'*Amour* ou *Sakhalian-oula*, qui arrose la Mongolie et la Mantchourie, provinces septentrionales de l'empire Chinois, et se jette dans la Manche de Tarrakaï.

92. LACS. — Les Lacs sont nombreux en Asie : outre la *mer Caspienne*, que nous avons déjà indiquée (14) comme le plus grand des lacs du monde, nous citerons encore les 2 plus considérables après elle, qui sont :

Le lac d'*Aral*, nommé quelquefois aussi *mer d'Aral* à cause de son étendue, dans le Turkestan ;

Le lac *Baïkal*, au S. de la Sibérie.

Le petit lac *Asphaltite*, appelé encore la mer *Morte*, au S.-E. de la Turquie d'Asie, mérite aussi d'être nommé, non en raison de son étendue, qui est fort peu considérable, mais à cause de son antique célébrité.

93. PRESQU'ÎLES. — On distingue en Asie 7 Presqu'îles, dont 4 grandes et 3 moins considérables.

Les 4 grandes sont :

L'*Anatolie*, entre la mer Noire au N., le canal de Constantinople, la mer de Marmara, le détroit des Dardanelles et l'Archipel à l'O., et la Méditerranée au S. ;

L'*Arabie*, entre la mer Rouge et le détroit de Bab-el-Mandeb à l'O, le golfe d'Aden au S., le golfe d'Oman, le détroit d'Ormouz et le golfe Persique à l'E. ;

L'*Hindoustan*, entre le golfe d'Oman au S.-O., et le golfe du Bengale au S.-E. ;

L'*Indo-Chine*, entre le golfe du Bengale au S.-O., et la mer de la Chine au S.-E.

Les 3 petits sont :

La presqu'île de *Malakka*, entre le détroit de Malakka au S.-O. la mer de la Chine et le golfe de Siam à l'E. ;

La *Corée*, entre la mer Jaune au S.-O., et celle du Japon au N.-E. ;

Le *Kamtschatka*, entre la mer d'Okhostk au S.-O., et celle de Béhring au N.-E.

94. CAPS. — Les principaux Caps de l'Asie sont au nombre de 6, savoir :

Le cap *Oriental*, au N.-E. de la Sibérie ;
Le cap *Sévéro-Vostochnoi*, au N. de la Sibérie ;
Le cap *Fartash*, }
Le cap *Ras-al-Gate*, } au S.-E. de l'Arabie ;
Le cap *Mocandon*, }
Le cap de *Comorin*, au S. de l'Hindoustan.

95. MONTAGNES. — Outre les chaînes des monts *Poyas* ou *Ourals*, et du *Caucase*, dont nous avons déjà parlé (31), on en remarque en Asie 8 principales, savoir :

Le *Taurus*, dans la Turquie d'Asie;
Les monts *Algydim*, }
Les monts *Altaï*, } au N., entre la Sibérie et l'empire Chinois;
Les monts *Stanovoy*, }
Les monts *Bolour*, }
Les monts *Hindou-Kho*, } au centre, entre la Tartarie et l'empire Chinois ;
Les monts *Himalaya* au S.-O. de l'empire Chinois, sur la limite de l'Hindoustan.

Les *Ghates*, le long de la côte occidentale de l'Hindoustan.

Deux circonstances notables rendent particulièrement remarquables les montagnes de l'Asie. La première, c'est qu'elles soutiennent de toutes parts le vaste plateau que nous avons dit (85) exister au centre de cette partie du monde; la seconde, c'est qu'elles renferment les plus hauts sommets qui soient sur le globe. Ils se trouvent dans la chaîne des monts Himalaya ou Himaléh, dont le nom signifie *Séjour de la neige*. Le *Dhawaladgiri* ou *Mont-Blanc*, sur la limite du Neypâl, atteint 4390 toises, c'est-à-dire plus de deux lieues d'élévation au-dessus du niveau de la mer; tandis que les plus hautes montagnes de la chaîne des Andes en Amérique ne dépassent pas 3948 toises, et le Mont-Blanc, le plus élevé de l'Europe, 2470.

## 96. SIBÉRIE.

BORNES. — La Sibérie a pour bornes :

Au N. l'océan Glacial Arctique ;

A l'O. les monts Ourals ou Poyas ;

Au S. la Tartarie et l'empire Chinois ;

A l'E. les mers d'Okhotsk et de Béhring, et le détroit de Béhring.

VILLES REMARQUABLES. — A l'O. — TOBOLSK, entrepôt du commerce entre l'Europe et l'Asie.

Au S. — IRKOUTSK, près du lac Baïkal, ville forte et commerçante.

A l'E. — OKHOTSK, port et chantier de construction sur la mer de son nom.

ILES. — A la Sibérie appartiennent :

Les îles *de la nouvelle Sibérie* dans l'Océan Arctique, et les *Kouriles* septentrionales.

97. NOTIONS DIVERSES — La Sibérie occupe plus de 600 mille lieues carrées, c'est-à-dire près du tiers de l'Asie ; mais elle n'a guère que 2 millions d'habitants, en partie Russes et chrétiens grecs, et le reste appartenant à des peuplades sauvages et idolâtres. Le climat y est froid et les étés fort courts. Tout le nord est couvert de marais presque toujours glacés et de déserts immenses ; le midi est très fertile. Les montagnes de l'O. et du S.-E. renferment de riches mines d'argent, de fer, d'aimant et de cuivre. Les belles fourrures sont le principal objet du commerce de ce pays.

## 98. TURQUIE.

BORNES. — La Turquie d'Asie a pour bornes :

Au N. la Russie et la mer Noire ;

A l'O. le canal de Constantinople, la mer de Marmara, le détroit des Dardanelles, l'Archipel et la Méditerranée ;

Au S. l'Arabie ;

A l'E. la Perse.

VILLES REMARQUABLES. — A l'O. — SMYRNE, sur l'Archipel, le port le plus commerçant de la Turquie.

A l'E. — BAGDAD, sur le Tigre, une des villes les plus commerçantes de l'Asie.

Au S. — ALEP ou *Haleb*, bouleversée en 1822 par un violent tremblement de terre ; — DAMAS, la ville la plus considérable et la plus industrieuse de la Turquie d'Asie ; — JÉRUSALEM, non loin de la mer Morte, ancienne capitale de la Palestine, où se sont accomplis les principaux mystères de la religion chrétienne.

La *Syrie*, dans laquelle se trouvent ces trois dernières villes, a été cédée en 1833 par le Grand-Seigneur au vice-roi d'*Égypte* (142).

99. ILES. — La Turquie possède en Asie un assez grand nombre d'îles répandues sur les côtes des mers qui l'entourent; savoir :

1° Dans la mer de *Marmara*, l'île qui lui donne son nom;

2° Dans l'Archipel, de nombreuses îles, dont les plus considérables sont : *Mételin*, *Scio* et *Samo*;

3° Dans la Méditerranée, les îles de *Rhodes*, à l'O., et de *Chypre* à l'E. Cette dernière, la plus considérable de toutes, a pour capitale *Nicosie*.

100. NOTIONS DIVERSES.—La Turquie d'Asie renferme une étendue de 62,500 lieues carrées et une population de 12 millions d'habitants, dont une partie professe la religion chrétienne, et le plus grand nombre celle de Mahomet. Cette contrée, une des plus belles de l'univers, a été le siége de puissants empires; Troie, Ninive, Babylone, Sidon, Tyr, Jérusalem, Antioche, Bagdad, et une foule d'autres villes célèbres s'y distinguèrent par leur puissance, leurs richesses et leur population. Aujourd'hui encore, un sol d'une incomparable fertilité, un climat dont la douceur et la variété favorisent la culture des plantes les plus précieuses et les plus diverses, la position la plus avantageuse entre l'Europe, l'Asie et l'Afrique, feraient de ces belles contrées le premier empire du monde; mais là, comme en Europe, tout languit et meurt sous le despotisme des Turcs.

## 101. ARABIE.

BORNES. — L'Arabie a pour bornes :

Au N. la Turquie d'Asie ;
A l'O. la Mer rouge ;
A l'E. le golfe d'Aden et d'Oman ;
Au S. le golfe d'Oman, le détroit d'Ormouz, et le golfe Persique.

VILLES REMARQUABLES.. — A l'O. — La MEKKE, patrie de Mahomet, dont le tombeau se voit à *Médine*, dans la même province nommée *Hedjaz*, qui fait partie de l'empire de Turquie, mais qui est possédée en réalité par le vice-roi d'Egypte, le plus puissant des vassaux de cet empire.

Au S. — SANA, capitale de la province d'*Yémen*, où l'on trouve encore *Moka*, célèbre par le café qu'on en exporte; et *Aden*, qui donne son nom au golfe sur lequel elle est située.

A l'E. — MASKATE, capitale de la province d'*Oman*, qui donne son nom au golfe voisin, et la ville la plus commerçante de l'Arabie.

102. NOTIONS DIVERSES — L'Arabie a 120 mille lieues carrées; mais tout l'intérieur est occupé par des plaines élevées, arides, et désertes, qui sont comme d'immenses mers de sable que les Arabes traversent montés sur leurs chameaux, qu'ils nomment les *vaisseaux du désert*, et que la facilité avec laquelle ils supportent les privations et surtout la soif rend seuls propres aux voyages dans ces contrées, où l'on marche souvent plusieurs jours sans rencontrer une seule goutte d'eau. Les chevaux arabes, qui descendent, si l'on en croit leurs maîtres, de ceux qui peuplaient les écuries du roi Salomon, ont aussi une grande réputation.

Sur les côtes, le sol est plus fertile; celui de l'Yémen surtout est d'une telle fécondité que l'on avait donné à cette contrée le nom d'*Arabie-Heureuse*. Outre le café, ce pays produit en abondance l'encens, la myrrhe, la gomme, le benjoin, l'indigo, le séné, les dattes. Les pêcheries des côtes du golfe Persique fournissent une grande quantité de perles.

On évalue le nombre des habitants de ce pays à 6 millions; les uns demeurant dans les villes et villages le long des côtes, et les autres errant avec leurs troupeaux dans le désert, où ils rencontrent çà et là quelques cantons propres à les nourrir. Ces derniers, nommés *Bédouins*, suivent ainsi le genre de vie des anciens patriarches dont ils descendent. Les Arabes, sont presque tous de la religion de Mahomet, qui, se donnant pour prophète, se mit à la prêcher vers le commencement du 7ᵉ siècle; vers le milieu du 18ᵉ il s'est élevé dans ce même pays une secte puissante, nommée *Wahabites*, qui tire son nom de *Wahab*, père de son fondateur, et qui n'est qu'un mahométisme réformé. On trouve aussi en Arabie beaucoup de juifs.

## 103. TURKESTAN.

BORNES. — Le Turkestan a pour bornes :

Au N. la Sibérie ;
A l'O. la mer Caspienne ;
Au S. la Perse et l'Afghanistan ;
A l'E. l'empire Chinois.

VILLES REMARQUABLES. — Au S. — KHOKAND ; capitale d'un état puissant ; — BOUKHARA, la plus grande ville du Turkestan ; — SAMARKAND, ville très commerçante, et qui fut, en 1400, la capitale du grand empire du fameux Tamerlan ; — BALKH, une des villes les plus anciennes de l'Asie.

104. NOTIONS DIVERSES. — Le Turkestan, nommé aussi la *Tartarie indépendante*, et occupé en partie par des plaines de sable mouvant, a 90 mille lieues carrées et 4 millions d'habitants, la plupart mahométans, et qui appartiennent à plusieurs peuplades indépendantes, gouvernées par des princes nommés *Khans*. Au N. habitent les *Kirghiz*, divisés en 3 tribus, dont les deux moins considérables se sont mises sous la protection de la Russie. A. l'O. se trouve la *Turkomanie*, qui fut le berceau des Turcs. La contrée méridionale, nommée la *Grande-Boukharie*, est la plus peuplée et la plus riche du Turkestan. Elle est gouvernée par un souverain qui prend le titre de *Prince des Croyants*. Les montagnes du S.-E. renferment des mines d'or, d'argent et de pierres précieuses.

## 105. PERSE.

BORNES. — La Perse a pour bornes :

Au N. le Turkestan, la mer Caspienne et la Russie;

A l'O. la Turquie d'Asie;

Au S. le golfe Persique et le détroit d'Ormoz;

A l'E. le Béloutchistan et l'Afghanistan.

CAPITALE. — TÉHÉRAN, résidence d'hiver du souverain.

VILLES REMARQUABLES. — Au centre : — ISPAHAN, ancienne capitale, et encore aujourd'hui la plus grande ville de la Perse

Au S. — CHIRAZ, dans une vallée célèbre par ses vins délicieux.

106. NOTIONS DIVERSES. — La Perse a 61 mille lieues carrées et 9 millions d'habitants, qui sont presque tous mahométans *Schiites* ou de la secte d'*Ali*, ennemie de celle d'Omar ou des *Sounnites*, à laquelle appartiennent les Turcs. Le souverain nommé *Chah*, jouit d'une autorité absolue. Ce pays occupe un plateau élevé, dont une partie est couverte par des déserts sablonneux imprégnés de sel, mais où l'on trouve aussi des cantons qui produisent en abondance des fruits délicieux. C'est à ces contrées que nous devons la figue, la pêche, l'abricot, la prune, la mûre, l'amande, etc.

## 107. AFGHANISTAN.

BORNES. — L'Afghanistan ou *Pays des Afghans*, qu'une révolution récente a séparé en quatre royaumes, qui portent les noms de leurs capitales, a pour bornes :

Au N. le Turkestan ;
A l'O. la Perse ;
Au S. le Béloutchistan ;
A l'E. l'Hindoustan.

CAPITALES. — HÉRAT, dont le royaume, situé au N.-O., est tributaire de la Perse.— CABOUL, au N. capitale du plus puissant des quatre royaumes Afgans. — KANDAHAR, ua centre, ancienne capitale de tout l'Afghanistan. — PEICHAVER, à l'E. capitale d'un royaume tributaire des *Seïks* de l'Hindoustan.

108. NOTIONS DIVERSES. — Les quatre royaumes de l'Afganistan, dont les souverains ne possèdent qu'une autorité fort précaire, ont ensemble environ 40 mille lieues carrées et 6 millions d'habitants, partagés entre la mahométisme, qui est dominant, et le brahmisme. Le pays est montagneux et jouit d'une température assez variée : on y trouve, surtout vers le N.-E., des plaines fertiles et bien cultivées, où l'on fait deux moissons par an, et où croissent toutes sortes de grains, le coton, la canne à sucre, etc.

## 109. BÉLOUTCHISTAN.

BORNES. — Le Béloutchistan a pour bornes :

Au N. l'Afghanistan ;
A l'O. la Perse ;
Au S. le golfe d'Oman ;
A l'E. l'Hindoustan.

CAPITALE. — KÉLAT, vers le N., ville industrieuse et commerçante.

VILLE REMARQUABLE. — GONDAVA, au S.-E. de KÉLAT, et que l'on dit aussi grande qu'elle.

110. NOTIONS DIVERSES. — Le Béloutchistan n'est, comme les royaumes dont nous venons de parler, qu'un démembrement du puissant *Empire des Afghans*, fondé par Ahmed-Chah au milieu du siècle dernier. C'est un pays peu connu, dont on évalue la superficie à 18 mille lieues carrées, et la population à 3 millions d'habitants, appartenant à deux peuples principaux, les *Béloutchys* ou *Baloutches* et les *Brahouis*, qui sont, comme les Persans, mahométans schiites. Ils obéissent à plusieurs chefs ou khans qui reconnaissent l'autorité de celui de Kélat.

Ce pays est entrecoupé de hautes chaînes de montagnes et de déserts sablonneux ; on y trouve cependant quelques vallées fertiles qui produisent des grains, du coton, de l'indigo, du sucre, des dattes, des amandes, etc.

## 111. HINDOUSTAN.

BORNES.—L'Hindoustan a pour bornes :

Au N. l'empire Chinois ;

A l'O. l'Afghanistan, le Béloutchistan et le golfe d'Oman ;

Au S. la mer des Indes ;

A l'E. le golfe du Bengale et l'Indo-Chine.

DIVISION. — L'Hindoustan peut se diviser en quatre parties, savoir :

Les États Indépendants ;

Les Possessions Anglaises ;

Les États tributaires ou alliés des Anglais ;

Les Possessions Françaises, Danoises e Portugaises.

### 112. *États Indépendants.*

VILLES REMARQUABLES. — Au N.-O. — LAHORE, capitale des *Seïks*, le plus puissant des peuples indépendants. — CACHEMIR, célèbre par ses fabriques de châles, récemment conquise par les Seïks ; — HAÏDER-ABAD, capitale du *Sindhy*.

Au N. — GOUALIOR, capitale du *Sindhya* ; — KATMANDOU, capitale du *Népâl*.

113. *Possessions Anglaises.*

Elles se divisent en trois *Présidences.*

CAPITALE. — CALCUTTA, sur l'*Hougly*, l'une des branches du Gange, chef-lieu de la présidence du *Bengale*, siége du gouvernement général des Possessions Anglaises dans l'Hindoustan, entrepôt d'un immense commerce.

VILLES REMARQUABLES.—Au N.— DELHY, ville magnifique, résidence du *Grand-Mogol*, qui était autrefois le plus puissant souverain de l'Hindoustan, et auquel les Anglais n'ont pas laissé le moindre pouvoir. — BÉNARÈS, près du Gange, la ville savante de l'Hindoustan et l'une des plus belles et des plus commerçantes.

Sur la côte occidentale, appelée souvent *côte de Malabar.* — SURATE, ville forte, manufacturière, et qui fait un grand commerce; — BOMBAY, dans une petite île près de la côte, ville forte et port fort commerçant, chef-lieu d'une des trois présidences anglaises.

Sur la côte orientale, nommée encore *côte de Coromandel.* — MADRAS, aussi chef-lieu d'une présidence, et la ville la plus commerçante de cette côte.

### 114. *États tributaires ou alliés des Anglais.*

VILLES REMARQUABLES. — Au N. — LURNOW, capitale des possessions du *Nabab* ou prince d'*Aoude*; — DJOUDPOUR, DJEYPOUR et ODEYPOUR, capitales de trois états habités par les *Radjpoutes*, peuple peu civilisé et très belliqueux. — BARODA et NAGPOUR, capitales de deux royaumes *Mahrattes*;

Au centre. — HAÏDER-ABAD, capitale de l'état du *Nizam*, le plus considérable du centre de l'Hindoustan.

### 115. *Possessions Françaises.*

VILLES REMARQUABLES. — Au N. — CHANDERNAGOR, sur l'Hougly, au N. de Calcutta.

Au S. — PONDICHÉRY, bon port sur la côte de Coromandel, chef-lieu des Établissements Français dans l'Hindoustan.

### 116. *Possessions Portugaises.*

VILLES REMARQUABLES. — Sur la côte occidentale. — DIU, forteresse dans l'île du même nom; — GOA, au S., dans une petite île près de la côte, chef-lieu des Possessions Portugaises dans l'Hindoustan.

### 117. *Possessions Danoises.*

VILLE PRINCIPALE. — Sur la côte de Coromandel. — TRANQUEBAR, port commerçant, chef-lieu des Possessions Danoises dans l'Hindoustan.

### 118. *Iles voisines de l'Hindoustan.*

On trouve près des côtes de l'Hindoustan deux groupes et une grande île.

Les deux groupes sont :

Les *Lakedives*, à l'O. de la côte de Malabar : elles sont au nombre de 32, toutes fort petites, et obéissent à un prince vassal des Anglais.

Les *Maldives*, au S.-E. des Lakedives, et, comme elles, entourées de récifs de corail : elles sont, dit-on, au nombre de 12 mille, mais la plus grande n'a pas une lieue de tour. Elles obéissent à un sultan indépendant.

La grande île est :

CEYLAN, située au S.-E. de la pointe de l'Hindoustan. Capitale, *Colombo*, port au S.-O. — *Candy*, située au centre de l'île, en est l'ancienne capitale. Les Anglais possèdent cette île entière depuis 1810.

**119. Étendue, Population, Religions, Castes.** — L'Hindoustan occupe une étendue de 165 mille lieues carrées et renferme une population de 134 millions d'habitants, dont 83 millions dans les possessions anglaises, 40 millions dans les États qui sont leurs alliés ou leurs tributaires, près de 11 millions indépendants, 100 mille dans les possessions Françaises, 130 mille dans les possessions Portugaises, et 20 mille dans les possessions Danoises. Les religions dominantes dans l'Hindoustan sont le brahmisme, professé par près de 60 millions d'individus, le bouddhisme, par 30 millions au moins, le mahométisme, par plus de 40 millions, le christianisme, par 1 million et demi au plus, la plupart Européens ou descendants des Européens : car on a toujours éprouvé les plus grandes difficultés à la conversion des Hindous. Il existe parmi eux une division fondée sur des croyances religieuses ; c'est la division par *Castes* ou classes qui ne se confondent jamais, et parmi lesquelles on distingue celle des *Brahmes* ou prêtres qui tient le premier rang, celle des guerriers, celle des laboureurs, celle des artisans, etc. La dernière, nommée la caste des *Parias*, est regardée comme impure, est exclue des villes et des temples, et vit dans le mépris et l'abjection.

Gouvernement. — Une puissance redoutable, celle des *Grands-Mogols*, tenait autrefois asservie la plus grande partie de l'Hindoustan : aujourd'hui cette puissance est anéantie, bien que le Grand-Mogol existe encore ; mais les Anglais, qui ont succédé à son pouvoir, le tiennent à Delhy dans une honorable captivité. Les possessions de cette nation dans l'Hindoustan, à l'exception de l'île de Candy, ne dépendent pas immédiatement du gouvernement britannique, mais d'une société nommée la *Compagnie des Indes Orientales*, à laquelle l'administration en a été confirmée pour vingt ans en 1833. Les souverains alliés des Anglais et indépendants portent différents noms, tels que *Nizam*, *Nabad*, *Radjahs*, etc.

120. CLIMATS, PRODUCTIONS. — L'immense étendue de l'Hindoustan et la grande variété que présente l'aspect de cette contrée y produisent une grande diversité de climats et de températures. Au N., au pied des monts Himalaya, dont les sommets les plus élevés, couverts de neiges éternelles, dépassent, comme nous l'avons dit, 2 lieues de hauteur, on trouve de fertiles vallées. Les riches plaines que fécondent les inondations du Sind ou Indus et celles du Gange, sont séparées par un vaste désert de sable. Plus au S. un plateau élevé et les montagnes des Ghattes, arrêtant tantôt les nuages qui viennent de l'O., tantôt ceux qui arrivent de l'E., font régner sur les deux côtes de Malabar et de Coromandel des températures tout-à-fait opposées. Toutes ces montagnes donnent naissance à un grand nombre de rivières, qui, traversant l'Hindoustan dans toutes les directions, y entretiennent une humidité qui, jointe à la chaleur du climat, y développe une riche végétation. Le riz, la banane, le sucre, les épices, la soie, le coton sont les produits les plus remarquables de cette riche contrée, où l'on trouve encore des mines de diamants et des perles que l'on pêche surtout dans le détroit qui la sépare de l'île de Ceylan; mais elle nourrit aussi un grand nombre d'animaux redoutables, tels que le rhinocéros, le tigre, le lion, le boa et beaucoup d'autres serpents dangereux. Les éléphants y sont d'une beauté remarquable, surtout dans l'île de Ceylan.

## 121. INDO-CHINE.

BORNES. — L'Indo-Chine a pour bornes :

Au N. l'empire Chinois ;

A l'O. l'Hindoustan et le golfe du Bengale ;

Au S. le détroit de Malakka, le golfe de Siam et la mer de la Chine ;

A l'E. cette même mer et le golfe de Tonkin.

122. DIVISION ET VILLES REMARQUABLES. — L'Indo-Chine se compose de 5 parties principales, savoir :

1° L'INDO-CHINE ANGLAISE, à l'O., dans laquelle on distingue : ARAKAN, capitale de l'ancien royaume de son nom ; — MALAKKA, à l'extrémité de la Péninsule qui porte son nom ;—SINGHAPOUR, enfin, dans une petite île voisine de la côte, et qui paraît destinée, par sa prospérité commerciale, à devenir la capitale de l'Indo-Chine Anglaise.

2° LE MALAKKA INDÉPENDANT, qui renferme les royaumes de *Pérak*, de *Salangor*, de *Djohore*, de *Pahang* et de *Roumbo*, ainsi nommés de leurs capitales.

3° L'empire BIRMAN, à l'E. de l'Indo-Chine Anglaise; capitale, AVA, sur l'Iraouady.

4° Le royaume de SIAM, au S.-E. de l'empire Birman ; capitale, BANGKOK, port très-commerçant sur le Mei-nam.

5° L'empire d'ANNAM, le plus oriental et le plus puissant de l'Indo-Chine, et qui comprend plusieurs royaumes, dont les plus remarquables sont :

Le LAOS, dont les royaumes de Siam et des Birmans possèdent plusieurs provinces.

Le CAMBODJE, au S. du LAOS; son ancienne capitale, nommée aussi *Cambodje*, sur le May-Kang, auquel elle donne quelquefois son nom, est aujourd'hui remplacée par SAÏGONG, la ville la plus commerçante de l'empire; mais le souverain réside à *Panomping*;

La COCHINCHINE, ou *Annam méridional* dans laquelle se trouve la capitale actuelle de tout l'empire, nommée HUÉ ou *Foutchouan*, que ses immenses fortifications rendent la place la plus forte de l'Asie ;

Le TONKIN ou *Annam septentrional*, capitale KECHO.

## 123. *Iles.*

On rattache ordinairement à l'Indo-Chine les trois groupes suivants, savoir :

Les îles d'*Andaman*, } dans le golfe
Les îles de *Nicobar*, } du Bengale ;
Les *Paracels*, dans la mer de la Chine.

124. Étendue, population, religions, gouvernement. — Les divers états entre lesquels est partagée l'Indo-Chine nommée quelquefois aussi *Inde au-delà du Gange et presqu'île orientale de l'Inde*, occupent une superficie de 105 mille lieues carrées, et renferment 34 millions d'habitants, dont la majorité professe le bouddhisme ; cependant l'Annam, qui paraît avoir été peuplé en partie par des colonies chinoises, renferme un assez grand nombre de sectateurs de Confucius, philosophe chinois, dont la doctrine n'admet qu'un seul Dieu. Le mahométisme domine dans l'Arakan et dans la presqu'île de Malakka, dont les habitants appartiennent à une race qui paraît avoir peuplé la plus grande partie de l'Océanie, et dont la langue est fort répandue dans les Indes. Les Birmans, le royaume de Siam et l'Annam obéissent à des souverains despotiques. Celui d'Annam possède une marine importante ; mais les rapides accroissements des établissements anglais semblent annoncer que cette puissance ne tardera pas à dominer dans l'Indo-Chine comme dans l'Hindoustan.

Climat, productions. — L'Indo-Chine jouit généralement d'un climat humide et chaud. Le sol y est fertile en riz, sucre, café, thé, coton, indigo et épices, et renferme des mines d'or, d'argent, d'étain, de rubis, de saphirs et de marbre. Les animaux sont à peu près les mêmes que dans l'Hindoustan.

## 125. CHINE.

BORNES. — L'empire Chinois a pour bornes :

Au N. la Sibérie;

A l'O. le Turkestan et l'Hindoustan ;

Au S. l'Hindoustan et l'Indo-Chine;

A l'E. la mer de la Chine, la mer Bleue, la mer Jaune et celle du Japon.

DIVISION. — Cet empire se compose de la *Chine propre* et des pays tributaires.

### 126. *Chine proprement dite.*

CAPITALE. — PÉKIN, au N.-E., ville trois fois aussi grande que Paris ; résidence de l'empereur, dont le palais occupe un espace de 2 lieues de tour.

VILLES REMARQUABLES. — Au centre. — NANKIN, sur le fleuve Bleu ou Yang-Tseu-Kiang, ancienne capitale et la ville savante de la Chine, célèbre par sa tour à 9 étages revêtue de porcelaine, et par le coton jaune qui croît aux environs et avec lequel on fabrique le nankin.

Au S. — CANTON, sur la mer de la Chine, la seule ville où les Européens soient admis pour faire le commerce.

### 127. *Pays tributaires de la Chine.*

NOMS ET VILLES PRINCIPALES. — Les pays tributaires de la Chine, en ne comprenant pas parmi eux la *Mandchourie*, qui fait maintenant partie de la Chine propre, sont au nombre de 4, savoir :

La CORÉE, à l'E. de la Chine, capitale *Hanyang-Tching*, au centre ;

La MONGOLIE, au N. de la Chine, dont elle est séparée par une muraille de 600 lieues de long, élevée par les Chinois pour se préserver des incursions des Tartares Mongols. Ville principale, *Ourga*, au N. Une partie de ce pays est occupée par le grand désert de *Gobi*, qui s'étend à l'O. ;

La PETITE-BOUKHARIE, à l'O. du grand désert; ville principale, *Yarkiang*, au S.-O. ;

Le TIBET, au S. du grand désert, comprenant le PETIT-TIBET, à l'O. ; capitale, *Ladak* ; le GRAND-TIBET, à l'E. ; capitale, *Lassa* ; et le BOUTAN, au S. ; capitale, *Tassisuden*.

**128.** *Iles qui dépendent de la Chine.*

NOMS. — Parmi les îles qui dépendent de la Chine, on distingue 3 grandes îles et un archipel assez considérable, savoir :

L'île *Tarrakaï*, improprement appelée *Séghalien* ou *Sakhalian*, et aussi *Tchoka*, et *Karafta*, au N., longue de 212 lieues, et séparée du continent par un canal fort étroit dans certaines de ses parties, nommé souvent *Manche de Tartarie*, et mieux de *Tarrakaï*. Les Chinois ne possèdent que la partie septentrionale de cette île, dont le S. appartient au Japon (130).

*Formose*, à l'E., appelée *Thaï-Ouan* par les Chinois, qui n'en possèdent réellement que la partie occidentale, où se trouve la capitale, à laquelle ils donnent le même nom. Sa partie orientale, habitée par des sauvages indépendants, est presque inconnue.

*Haï-Nan*, au S., riche en mines d'or et en bois précieux.

L'archipel des îles *Liou-Tchou*, situé à l'E. de la mer Bleue, et qui forme un royaume particulier tributaire de la Chine.

129. Étendue, population, religion, gouvernement. — L'empire Chinois, le plus grand de l'Asie et le plus vaste du monde après celui de Russie, est celui qui paraît renfermer la population la plus considérable ; il a 680 mille lieues carrées et 173 millions d'habitants, qui appartiennent à la race jaune, et dont la majorité professe le bouddhisme ; cependant l'empereur et la classe des *mandarins* ou lettrés, qui occupent tous les emplois publics, suivent la religion de Confucius (124). Le pouvoir de l'empereur qui est tempéré par le droit de représentation dont jouissent certaines classes de magistrats, ne s'étend que sur la Chine propre ; les autres pays compris dans l'empire chinois obéissent à des rois ou khans, qui paient tribut ou reconnaissent la protection de la Chine. Tous les peuples du Nord sont quelquefois compris sous le nom de *Tartares*, et leur pays sous celui de *Tartarie Chinoise*.

Climat, productions. — Le climat d'un pays aussi étendu que la Chine est nécessairement très varié, ainsi que ses productions. La Chine proprement dite renferme de vastes plaines qui produisent en abondance le blé, le riz, et tous les autres grains. On y voit croître, selon les différentes latitudes, le mûrier, l'oranger, le coton, l'indigo, la canne à sucre, le thé, etc. La Corée est couverte en partie de montagnes riches en or et en argent ; les plaines de la Mongolie produisent la rhubarbe ; les hautes montagnes du Tibet nourrissent les chèvres dont le poil très fin sert à fabriquer les précieux tissus de cachemire : elles renferment aussi de riches mines d'or. Outre ces productions, la Chine exporte encore de la porcelaine, du papier et une encre renommée.

## 130. JAPON.

POSITION ET ÎLES QUI LE COMPOSENT. — L'empire du Japon, situé à l'E. de l'Asie, dont il est séparé par la mer à laquelle il donne son nom, se compose de 5 îles et d'un archipel, savoir :

L'île TARRAKAI, au N., dont le Japon ne possède que la partie méridionale ;

IESSO ; au S.-E. de Tarrakaï ;

NIPHON, au centre, la plus grande du Japon ;

SIKOKF, } au S. de Niphon.
KIUSIU, }

La partie méridionale de l'Archipel des KOURILES, dont le N. appartient à la Sibérie (96).

CAPITALE. — YÉDO, dans l'île de Niphon, une des plus belles villes de l'Asie, résidence de l'empereur, nommé le *Koubo*.

VILLES REMARQUABLES. — MIACO, au S. de Niphon, la ville savante du Japon, résidence du *Daïri*, ou chef de la religion ; — NANGASAKI, à l'O. de l'île de Kiusiu, la seule ville où les Européens soient admis pour faire le commerce.

131. Étendue, population, religions, gouvernement. — Le Japon occupe au N.-E. de l'Asie une position semblable à celle des îles Britanniques au N.-O. de l'Europe. On évalue sa superficie à 28 mille lieues carrées et sa population à 30 millions d'habitants, qui paraissent appartenir à la même race que les Chinois. Les religions qui dominent au Japon sont au nombre de deux : 1° la religion de *Sinto*, qui est la religion primitive de l'empire, auquel elle est particulière et qui a pour base le culte des génies; et le bouddhisme, qui a été apporté au Japon vers le milieu du 6e siècle et qui est aujourd'hui la religion la plus répandue. On y trouve aussi quelques sectateurs de Confucius. Le gouvernement de l'empire appartenait autrefois exclusivement au *Daïri* regardé comme le descendant des anciennes divinités du pays et encore aujourd'hui révéré presque comme un dieu, surtout par les partisans de la religion de Sinto, dont il est le chef visible. Vers le milieu du 12e siècle, le *Koubo*, qui n'avait été jusque alors que le commandant de la force militaire, s'empara d'une partie de l'autorité, et depuis la fin du 16e siècle il l'a entièrement usurpée, sans cesser de montrer la plus haute vénération pour la personne sacrée du Daïri, dont il se dit le premier sujet.

Climat, Productions, Manufactures. — Les îles du Japon sont hérissées de montagnes et fréquemment bouleversées par des tremblements de terre et d'affreux ouragans. La température y est très variable, les hivers froids, les étés brûlants et les orages très fréquents. Le sol recèle, dit-on, de riches mines d'or, d'argent, de cuivre et de pierres précieuses : mais il est peu fertile et n'est rendu productif que par les travaux assidus des habitants, qui passent aussi pour le plus industrieux des peuples de l'Asie et fournissent au commerce des étoffes de soie, de coton, de la porcelaine, du papier, etc.

# AFRIQUE.

132. NOTIONS GÉNÉRALES. — L'Afrique est la troisième partie de l'ancien continent. C'est une grande presqu'île qui tient à l'Asie par l'isthme de Suez.

BORNES. — L'Afrique a pour bornes :
Au N. la mer Méditerranée ;
A l'O. l'océan Atlantique,
Au S. le Grand-Océan ;
A l'E. la mer des Indes, la mer Rouge et l'isthme de Suez.

133. ÉTENDUE ET DÉSERTS DE L'AFRIQUE. — L'Afrique a 1500 mille lieues carrées environ, mais le quart au moins de cette immense étendue est occupé, surtout vers le N., par de vaste déserts sablonneux, où l'on ne trouve que quelques cantons fertiles, nommés *Oasis*, dispersés de loin en loin au milieu de ces océans de sable mouvant soulevé de temps à autre par des vents brûlants, qui engloutissent les caravanes de voyageurs et de marchands qui s'exposent à les traverser pour aller commercer dans l'intérieur.

Jusque vers la fin du siècle dernier, les côtes seules de l'Afrique étaient connues des Européens ; mais grâce aux explorations hardies d'un grand nombre de voyageurs français et anglais nous connaissons maintenant une partie considérable de l'intérieur de cette vaste péninsule.

Population et Religions. — On évalue à 60 millions d'habitants la population de l'Afrique, dont le nord a été peuplé en partie par les Arabes, qui y ont apporté la religion mahométane, et qui s'y sont mêlés avec les *Coptes*, les *Berbers* et les *Maures*, anciens habitants de ces contrées; le reste de la population appartient à la race nègre, qui est idolâtre. Les colonies européennes répandues le long des côtes et dans les îles voisines renferment un assez grand nombre de chrétiens, la plupart catholiques romains.

Climat, Productions, Animaux, etc. — L'Afrique, traversée, a peu près vers le milieu, par l'équateur, est brûlée par les rayons du soleil qui, pendant toute l'année, y tombent perpendiculairement. On n'y connaît que deux saisons, la saison sèche, pendant laquelle la chaleur est presque insupportable, et celle des pluies qui, entre les tropiques, durent presque sans interruption; pendant trois mois, et font déborder tous les fleuves qui prennent leurs sources dans ces régions; mais ces débordements, loin de nuire à la végétation, portent sur les terres un limon qui les féconde; aussi tous les pays qu'ils arrosent sont-ils, surtout près des côtes, d'une incroyable fertilité. Parmi les arbres qui y croissent, on remarque le *baobab*, dont le tronc a quelquefois jusqu'à 100 pieds de tour.

L'Afrique est la plus riche des trois parties de l'ancien continent en métaux précieux, mais c'est aussi celle qui renferme le plus d'animaux nuisibles, tels que le tigre, le lion, le léopard, l'hyène, le chacal, etc.; les fleuves nourrissent d'énormes crocodiles et les forêts recèlent de monstrueux serpents; parmi lesquels le *boa* est le plus remarquable. On trouve en outre dans l'Afrique l'éléphant, le rhinocéros, l'hippopotame, la girafe, le buffle, le chameau, etc.

134. DIVISION DE L'AFRIQUE. — L'Afrique se divise en 14 parties principales, savoir :

3 au N.-E. { L'Égypte ;<br>La Nubie ;<br>L'Abyssinie.

3 au N.-O. { La Barbarie ;<br>Le Sahara ;<br>La Sénégambie.

2 au S.-O. { La Guinée septentrionale ;<br>La Guinée méridionale.

2 au centre. { Le Soudan ;<br>La Cafrerie.

3 au S.-E. { L'Ajan ;<br>Le Zanguebar ;<br>Le Mozambique.

1 au S. Le gouvernement du Cap, avec le pays des Hottentots.

ÎLES. — L'Afrique est en outre entourée d'un assez grand nombre d'îles répandues dans l'océan Atlantique et dans la mer des Indes, et dont la plus considérable est la grande île de *Madagascar*, située au S.-E.

135. Golfes. — Outre le golfe d'*Aden*, dont nous avons déjà parlé (101), on remarque sur les côtes de l'Afrique 6 Golfes principaux, savoir :

1 formé par la mer Rouge : c'est

Le golfe de *Suez*, à l'E. de l'Égypte.

2 par la Méditerranée, qui sont :

Le golfe de *Cabès*,<br>Le golfe de la *Sidre*, } au N. de la Barbarie.

1 formé par l'Atlantique : c'est

Le golfe de *Guinée*, qui s'enfonce entre la Guinée septentrionale et la Guinée méridionale, et forme lui-même 2 autres golfes, savoir :

Celui de *Bénin*,<br>Celui de *Biafra*, } sur les côtes de la Guinée septentrionale.

136. Détroits. — Outre les détroits de *Gibraltar* et de *Bab-el-Mandeb*, dont nous avons déjà parlé (90), on trouve encore au S.-E. de l'Afrique :

Le canal de *Mozambique*, entre la côte de Mozambique et l'île de Madagascar.

137. Fleuves. — Les 6 principaux Fleuves de l'Afrique se distribuent ainsi, savoir :

1 tombe dans la Méditerranée : c'est

Le *Nil*, qui arrose l'Abyssinie, la Nubie et l'Égypte

4 dans l'Atlantique, savoir :

Le *Sénégal*,<br>La *Gambie*, } qui arrosent la Sénégambie.

Le *Niger* ou *Djalli-Ba*, qui parcourt une partie du Soudan et tombe dans le golfe de Guinée.

Le *Congo* ou *Zaire*, qui vient de l'intérieur et arrose la Guinée méridionale.

1 dans le canal de Mozambique : c'est

Le *Zambèze*, qui arrose la Cafrerie et la capitainerie de Mozambique.

**138.** Lacs — **Les Lacs de l'Afrique sont peu connus ; on en peut cependant citer 2 principaux, savoir :**

**Le lac *Tchad*, dans le Soudan, probablement le plus grand de l'Afrique.**

**Le lac *Dembéa*, traversé par le Nil en Abyssinie.**

**139.** Caps. — **L'Afrique a 10 Caps remarquables, savoir ;**

**1 au N. : c'est**

**Le cap *Bon*, au N. de la Barbarie.**

**5 à l'O., savoir :**

**Le cap *Bojador*,**
**Le cap *Blanc*,** } **à l'O. du Sahara.**

**Le cap *Vert*, à l'O. de la Sénégambie ;**

**Le cap *des Palmes*, au S. de la Guinée septentrionale ;**

**Le cap *Lopez*, entre les deux Guinées.**

**2 au S., savoir :**

**Le cap de *Bonne-Espérance*,**
**Le cap des *Aiguilles*,** } **au S. du Gouvernement du Cap.**

**2 à l'E., savoir :**

**Le cap des *Courants*, sur la côte de Mozambique ;**

**Le cap *Guardafui*, au N.-E. de la côte d'Ajan.**

**140.** Chaînes de montagnes. — **Les 3 principales paraissent être :**

**L'*Atlas*, dans la Barbarie ;**

**Les monts de *Kong*, au S.-O. du Soudan ;**

**Ceux *de la Lune*, au S.-O. de l'Abyssinie.**

## 141. ÉGYPTE.

BORNES. — L'Égypte a pour bornes :

Au N. la Méditerranée ;
A l'O. le désert de Libye ;
Au S. la Nubie ;
A l'E. la mer Rouge et l'isthme de Suez.

CAPITALE. — LE CAIRE, près de la rive droite du Nil.

VILLES REMARQUABLES. — Au N. — ALEXANDRIE, sur la Méditerranée, le port le plus commerçant de l'Egypte ; — ROSETTE et DAMIETTE, ports de mer importants, aux deux embouchures principales du *Nil* ; — SUEZ, mauvais port sur la mer Rouge, qui donne son nom à l'isthme.

Au centre. — SYOUT, qui a remplacé *Girgéh*, comme capitale de la haute Egypte.

OASIS. — Parmi les Oasis qui dépendent de l'Egypte, et qui sont situées à l'O. de ce pays, on remarque :

Celle de *Bahariéh*, ou *Petite-Oasis* ;
Celles de *Dakhel* et d'*El Khardjéh*, ou *Grande-Oasis*.

142. NOTIONS DIVERSES. — L'Égypte est la mieux connue des contrées de l'Afrique et la plus intéressante, surtout à cause des nombreux monuments de l'antiquité qu'on y rencontre à chaque pas, et parmi lesquels on distingue surtout les *Pyramides*, qui se trouvent non loin du Caire, et qui existent depuis près de quatre mille ans. La plus haute a 440 pieds.

L'Égypte occupe une superficie de 23 mille lieues carrées ; mais cette étendue embrasse, à l'O. et à l'E., de vastes déserts sablonneux et arides ; de sorte que l'Égypte se réduit réellement à l'étroite vallée du Nil, qui s'élargit en approchant de la mer, et qui est fertilisée par les inondations périodiques de ce fleuve qui suppléent aux pluies, très rares dans ce pays. C'est là que croissent les palmiers, les dattiers, les orangers, la canne à sucre, le coton, le lin, le chanvre, le riz, le blé, et le *papyrus*, de l'écorce duquel les anciens se servaient pour écrire.

La population de l'Égypte s'élève à 4 millions d'habitants, appartenant à plusieurs races différentes ; savoir les *Coptes*, descendants des anciens Égyptiens et qui sont chrétiens ; les *Arabes*, dont les tribus nomades errent dans les déserts ; les *Turks*, qui habitent les villes ; et enfin les *Mamelouks*, qui dominaient dans ce pays depuis plus de 500 ans, lorsque les Français en firent la conquête en 1798. Ces trois dernières races professent la religion mahométane. L'Égypte fait partie de l'Empire de Turquie ; mais le pacha qui la gouverne s'est rendu tellement indépendant, qu'il vient dernièrement de faire avec succès au sultan une guerre qui lui a valu la réunion à son gouvernement de la *Palestine* et de la *Syrie*. Ce pacha mérite d'ailleurs de grands éloges pour le zèle avec lequel il travaille à introduire la civilisation dans ses états.

## 143. NUBIE.

BORNES. — La Nubie a pour bornes :

Au N. l'Égypte ;
A l'O. le désert de Libye ;
Au S. l'Abyssinie ;
A l'E. la mer Rouge.

CAPITALE. — MARAKAH, nommée quelquefois aussi *Nouveau Dongolah*, sur la rive gauche du Nil. L'ancienne capitale, nommée le *Vieux Dongolah*, aujourd'hui presque ruinée, est plus au S., sur la rive droite du Nil.

VILLE REMARQUABLE. — Au S. — SENNAAR, sur la branche du Nil qui sort du lac Dembéa, nommée *Bahr-el-Azrek*, ou fleuve Bleu, capitale d'un royaume.

144. NOTIONS DIVERSES. — On évalue la superficie de la Nubie à 60 mille lieues carrées et sa population à 2 millions d'habitants, la plupart mahométans et formant plusieurs tribus indépendantes, sur lesquelles le pacha d'Égypte, qui a fait depuis quelques années la conquête de la Nubie, n'exerce qu'une souveraineté nominale. La vallée du Nil et le royaume de Sennaar, arrosés par les nombreux affluents de ce fleuve, sont très fertiles. On trouve en Nubie les animaux les plus remarquables de l'Afrique (133). On en tire de l'or, du bois de sandal, de l'ébène,

## 145. ABYSSINIE.

BORNES. — L'Abyssinie a pour bornes :

Au N. la Nubie ;
A l'O. la Nubie et le Soudan ;
Au S. la Cafrerie et la côte d'Ajan ;
A l'E. le détroit de Bab-el-Mandeb et la mer Rouge.

CAPITALE. — GONDAR, au N. du lac Dembéa.

VILLES REMARQUABLES. — Au N.-E. — ANTALO, capitale du royaume de Tigré, dans lequel on trouve encore AXOUM, antique métropole de l'Abyssinie, et l'une des plus belles villes de l'Afrique.

146. NOTIONS DIVERSES. — On estime la superficie de l'Abyssinie à 40 mille lieues carrées et sa population à 4 millions d'habitants, dont une partie professe le Christianisme, défiguré par une foule de pratiques juives et superstitieuses. Le souverain, qui réside à Gondar, et auquel on donne les noms d'empereur d'Abyssinie, et quelquefois de *Grand-Négus* et de *Prêtre-Jean* partage avec plusieurs autres princes la souveraineté de ce pays, dont le S. est possédé par les *Gallas*, nation féroce et barbare sortie du centre de l'Afrique. Les productions de l'Abyssinie sont les mêmes que celles de l'Égypte et de la Nubie. On en tire la poudre d'or, les plumes d'autruche et l'ivoire.

## 147. BARBARIE.

BORNES. — La Barbarie a pour bornes :

Au N. la Méditerranée ;

A l'O. l'Atlantique ;

Au S. le Sahara ;

A l'E. l'Egypte.

DIVISION. — La Barbarie se compose de 4 Etats, qui sont de l'E. à l'O. :

Les régences de *Tripoli* et de *Tunis*, la province française de l'*Algerie* et l'empire de *Maroc*.

### 148. TRIPOLI.

CAPITALE. — TRIPOLI, port sur la Méditerranée, résidence du bey, ou souverain de ce pays.

VILLES REMARQUABLES. — A l'E. — DERNE, capitale du pays de *Barcah* ; — AUDJÉLAH et SYOUAH, dans les Oasis qui portent leurs noms.

Au S. MOURZOUK, capitale du *Fezzan*.

Au S.-O. — GHADAMÈS, dans l'Oasis du même nom.

### 149. TUNIS.

CAPITALE. — TUNIS, port sur la Méditerranée, non loin des ruines de la célèbre Carthage.

## 150. ALGERIE.

CAPITALE. — ALGER, bâtie en amphithéâtre au fond d'une baie fortifiée, dont les nombreuses batteries n'ont pu empêcher les Français de s'en emparer en 1830.

VILLES REMARQUABLES. — A l'O. — ORAN, port défendu par une forteresse occupée par les Français.

A l'E. — BONE, port dans les environs duquel on pêche beaucoup de corail ; — CONSTANTINE, dans l'intérieur, ville importante, capitale d'une vaste province.

## 151. MAROC.

CAPITALE. — MAROC, au S.-O., dans une plaine fertile et couverte de bosquets d'orangers.

VILLES REMARQUABLES. — Au N. — CEUTA, sur le détroit de Gibraltar, appartenant aux Espagnols ; — FEZ, capitale d'une province ; — MÉQUINEZ, où l'empereur fait sa résidence ordinaire.

Au S. — MOGADOR, sur l'Atlantique, le port le plus commerçant de l'empire ; — GOURLAND, la ville la plus importante des provinces voisines du mont Atlas.

152. Notions diverses. — On évalue la superficie de la Barbarie, ou de tous les États barbaresques, à 125 mille lieues carrées, et sa population à 20 millions d'habitants, professant presque tous le mahométisme. On trouve cependant parmi eux beaucoup de Juifs. Le despotisme le plus absolu est exercé par les divers souverains de la Barbarie, excepté dans la province d'Alger, soumise aujourd'hui en grande partie à la France : celui de Maroc porte le nom d'*empereur*, ceux de *Tunis* et de *Tripoli*, celui de *bey*. Les Arabes qui errent en nomades dans les campagnes, et les *Berbers* qui vivent surtout dans les montagnes de l'Atlas, et qui paraissent être les habitants originaires de ce pays, qui leur doit son nom de *Barbarie*, ou *Berbérie*, obéissent à des chefs particuliers qui portent le nom de *cheyks*, comme ceux de l'Arabie.

La chaîne de l'Atlas qui traverse la Barbarie de l'O., à l'E. partage ce pays en deux contrées, qui jouissent d'un climat bien différent. Le N., préservé par les montagnes de l'Atlas des plus funestes effets du vent brûlant du désert, offre partout où il est bien arrosé une admirable végétation, et fournit en abondance du blé à plusieurs contrées de l'Europe. L'Olivier, l'amandier, le figuier, le citronnier, l'oranger, la vigne, y produisent des fruits exquis. Au S. s'étend le *Beled-al-Djerid* ou *pays des Dattes*, qui participe déjà de la nature aride du désert, et dont les plaines unies, imprégnées de sel et presque stériles, sont de plus fréquemment ravagées par des nuées de sauterelles. La Barbarie renferme tous les animaux nuisibles de l'Afrique; le lion de l'Atlas en est le plus terrible; parmi ceux qui se distinguent par leur utilité, on remarque le dromadaire, dont la légèreté est telle qu'on assure qu'il peut faire jusqu'à 75 lieues dans une journée.

## 153. SENÉGAMBIE.

NOM ET BORNES. — La Sénégambie, dont le nom est formé de ceux du Sénégal et de la Gambie, qui la traversent, a pour bornes :

Au N. le Sahara ;
A l'O. l'Atlantique ;
Au S. la Guinée ;
A l'E. le Soudan.

PEUPLES. — Parmi les peuples qui habitent la Sénégambie, on remarque :
Les GHIOLOFS, vers le N.-O. ;
Les FOULAHS, vers l'E. ;
Les MANDINGUES, vers le S.

ÉTABLISSEMENTS EUROPÉENS. — Les Français, les Anglais et les Portugais ont formé dans ce pays, et particulièrement sur les côtes, des établissements dont les principaux sont :

SAINT-LOUIS, dans une île près de l'embouchure du Sénégal, chef-lieu des établissements Français ; — *Podor*, le fort *Charles*, sur le Sénégal ; — l'île de *Gorée*, près du Cap-Vert, aussi aux Français.

Bathurst, à l'embouchure de la Gambie, chef-lieu des établissements Anglais.

Cacheo, au S.-E. des précédentes, chef-lieu des établissements Portugais.

154. Notions diverses. — La Sénégambie, dont le nom est formé de ceux des deux fleuves principaux qui l'arrosent, est souvent appelée aussi en France le *Sénégal*, parce que les établissements les plus importants des Français sont sur les bords de ce fleuve. La superficie de ce pays est évaluée à 55 mille lieues carrées environ, et sa population à 12 millions d'habitants qui appartiennent à deux races différentes; ceux du N. sont des Maures venus des côtes de la Méditerranée et qui professent un Mahométisme mêlé d'idolâtrie; ceux du S. sont nègres et idolâtres.

Sur les côtes peu élevées de la Sénégambie et sur les bords des fleuves, fécondés, comme l'Égypte, par les débordements et par les pluies périodiques qui tombent du mois de juillet au mois d'octobre, la végétation prend un développement extraordinaire. C'est là que le Baobab atteint les proportions gigantesques qui en font le roi des végétaux. Les palmiers, les cocotiers, les citroniers, les orangers, y charment la vue de toutes parts; mais des chaleurs insupportables, l'insalubrité de l'air et l'aspect hideux des crocodiles et des reptiles les plus dangereux diminuent les agréments de ce beau pays, d'où l'on tire de l'or, de l'ambre, de la gomme, du poivre, des plumes d'autruche, etc.

Les îles *Bissagos*, situées près de la côte de la Sénégambie, sont aussi remarquables par leur fertilité.

## 155. SAHARA.

BORNES.—Le Sahara, ou Grand-Désert, dont la partie orientale porte le nom de *Désert de Libye*, a pour bornes :

Au N. la Barbarie ;
A l'O. l'Atlantique ;
Au S. le Soudan ;
A l'E. l'Egypte et la Nubie.

PEUPLES ET VILLES. — Les parties les moins arides du Grand-Désert, et les nombreuses Oasis qui y sont parsemées, sont habitées par des peuplades à demi-sauvages, parmi lesquelles on distingue surtout :

Les TIBBOUS, au S.-E. ;

Les TOUARIKS, au centre et au S., où ils possèdent une ville commerçante nommée *Aghadès*, résidence du plus puissant de leurs chefs;

Les TOUATS, qui s'étendent à l'O. jusqu'à l'empire de Maroc, et qui ont pour capitale *Agably*.

156. Notions diverses. — Le Sahara, ou Grand-Désert, occupe une étendue qu'on peut évaluer à 230 mille lieues carrées, c'est-à-dire, près de la sixième partie de la superficie de l'Afrique et plus de huit fois celle de la France. L'intérieur en est mal connu, ainsi que la population, que l'on croit pouvoir réduire à 250 mille habitants d'origine maure et berbère, qui professent le mahométisme, et obéissent à un grand nombre de chefs indépendants. Les peuplades voisines de la côte, parmi lesquelles on cite les *Ledbessebas*, les *Oulad-Délims* et les *Monselmines*, passent pour très féroces et font subir d'horribles traitements aux malheureux naufragés dont les tempêtes ou les courants font échouer les vaisseaux sur les dangereux bancs de sable et de rochers qui bordent ce rivage et s'étendent assez loin dans l'Océan.

Aucune rivière un peu considérable ne traverse le Sahara. On en pourrait à peine citer deux ou trois qui viennent se jeter dans l'océan Atlantique : dans l'intérieur on trouve quelques cours d'eau de peu d'étendue, qui, après avoir parcouru de petites vallées dont ils forment de fertiles oasis, se perdent bientôt dans les sables. C'est dans ces oasis que sont bâtis les villes et les villages des peuples du Sahara ; mais la plupart vivent sous des tentes et vont d'oasis en oasis faire paître leurs troupeaux de chameaux, de chèvres et de moutons. Souvent ils sont obligés de disputer l'approche des sources qu'ils y cherchent, aux lions, aux panthères, et à d'énormes serpents, qui sont les habitants les plus nombreux de ces immenses solitudes, où errent aussi les autruches et quelques gazelles. Les seuls arbres précieux qui croissent dans le Sahara sont le palmier-dattier, dont le fruit sert de nourriture aux habitants des oasis, et l'espèce d'acacia qui donne la gomme arabique.

## 157. GUINÉE SEPTENTRIONALE.

BORNES. — La Guinée septentrionale a pour bornes :

Au N. le Soudan;
A l'O. l'Atlantique;
Au S. le golfe de Guinée et la Guinée méridionale;
A l'E. la Cafrerie.

VILLES REMARQUABLES. — Dans l'intérieur :

COUMASSIE, capitale des Aschantis;

ABOMEY, capitale du royaume de Dahomey;

BENIN, OUARY, BIAFRA, } capitales des royaumes qui portent les mêmes noms.

Sur la côte sont les établissements européens, dont les principaux sont :

SAINT-GEORGE-DE-LA-MINE, forteresse importante, aux Hollandais;
Le CAP-CORSE, aux Anglais;
CHRISTIANSBORG, aux Danois.

## 158. GUINÉE MÉRIDIONALE.

BORNES. — La Guinée méridionale, nommée souvent aussi le *Congo*, du nom d'un des royaumes qu'elle renferme, a pour bornes :

Au N. la Guinée septentrionale;
A l'O. l'Atlantique;
Au S. } la Cafrerie.
A l'E. }

VILLES REMARQUABLES. — Dans l'intérieur :

SAN-SALVADOR ou *Panza*, au N., capitale du royaume de *Congo*, aux Portugais.

Sur la côte :

LOANGO, capitale du royaume de *Loango*, gouverné par un souvérain électif.

LOANDA, ou *Saint-Paul-de-Loanda*, capitale du royaume d'*Angola*, et chef-lieu de tous les établissements des Portugais qui dominent dans cette partie de l'Afrique;

BENGUÉLA ou *Saint-Philippe-de-Benguéla*, capitale du royaume de *Benguéla*, aussi aux Portugais.

159. NOTIONS DIVERSES SUR LES DEUX GUINÉES. — La Guinée septentrionale a 105 mille lieues carrées et 10 millions d'habitants, et la Guinée méridionale 44 mille lieues carrées et 5 millions d'habitants, tous nègres et idolâtres. Les tentatives qu'ont faites les missionnaires portugais pour répandre la religion chrétienne parmi ceux qui sont soumis au Portugal les ont seulement amenés à mêler à leurs croyances superstitieuses quelques pratiques du Christianisme.

Parmi les autres, ou du moins chez un certain nombre, c'est le mahométisme qui se mêle à l'idolatrie. Les sacrifices humains font une partie essentielle du culte de la plupart des tribus sauvages. La polygamie est aussi très répandue dans cette partie de l'Afrique.

La chaleur étouffante qui règne dans les deux Guinées, surtout pendant la saison des pluies, dont la durée est souvent de six mois, en rend le climat pernicieux pour les Européens ; mais elle fait éclore les fleurs les plus admirables et donne à toute la végétation un développement extraordinaire, surtout sur les côtes, qui sont généralement basses et formées du limon fertile, charrié et accumulé depuis un grand nombre de siècles par les nombreuses rivières qui descendent des hautes montagnes qui bordent les deux Guinées au N. et à l'E. Les éléphants, les gazelles, les antilopes, les singes y vivent en troupes innombrables : on y rencontre aussi la girafe et le rhinocéros, un grand nombre de serpents, et particulièrement l'énorme boa. La poudre d'or, l'ivoire et le poivre sont les productions principales de ces contrées, d'où l'on a transporté dans les diverses parties de l'Amérique un grand nombre d'esclaves nègres, commerce horrible qui dure encore, malgré les efforts que font pour l'abolir les principales nations de l'Europe.

## 160. SOUDAN.

BORNES. — Le Soudan, appelé quelquefois aussi *Nigritie*, parce qu'une partie de ses habitants appartient à la race nègre, a pour bornes :

Au N. le Sahara ;
A l'O. la Sénégambie ;
Au S. la Cafrerie ;
A l'E. la Nubie.

VILLES REMARQUABLES. — De l'O. à l'E. :

SÉGO, capitale du *Bambarah* ;

TOMBOUCTOU ou TEN-BOCTOUE, ville importante par le grand commerce qu'elle fait, par le moyen des caravanes, avec la Barbarie et l'Egypte ;

SACKATOU, capitale du *Haoussa*, et résidence du puissant prince des *Fellatahs*, nation différente des nègres, et qui domine dans toute cette partie de l'Afrique centrale ;

KOUKA, près du lac Tchad, capitale du *Bornou* ;

COBBÉH, capitale du *Dar-Four*, pays qui dispute à la Nubie la possession du *Kordofan*, dont la capitale est *Obéïd*.

## 161. CAFRERIE.

BORNES. — La Cafrerie a pour bornes :

Au N. le Soudan ;

A l'O. la Guinée septentrionale et méridionale, et l'Atlantique ;

Au S. le pays des Hottentots et la mer des Indes ;

A l'E. la capitainerie de Mozambique et le Zanguebar.

PAYS QU'ELLE COMPREND. — La Cafrerie comprend toutes les contrées inconnues du centre de l'Afrique, auxquelles on peut ajouter la côte stérile nommée quelquefois *Cimbébasie*, au S.-O., et la *terre de Natal*, au S.-E. Le pays le mieux connu est le royaume aujourd'hui démembré du *Monomotapa*, situé vers le S.-E.

VILLES REMARQUABLES. — ZIMBAOÉ, au S.-E., ancienne capitale du Monomotapa.

KOURRITCHANÉ et LITAKOU, au S., villes principales des *Betjouanas*.

PORT-NATAL, sur la côte de la mer des Indes, et la principale ville de la *terre de Natal*, où les Anglais ont un établissement.

162. NOTIONS DIVERSES SUR LE SOUDAN ET LA CAFRERIE. — Ces deux contrées, qui renferment une superficie de plus de 600 mille lieues carrées et une population évaluée à 40 millions d'habitants, la plupart idolâtres, occupent toute la partie centrale de l'Afrique. Elles paraissent être séparées l'une de l'autre par une haute chaîne de montagnes qui unissent les monts de Kong à ceux de la Lune, et sont divisées en un grand nombre de royaumes plus ou moins étendus et fort mal connus des Européens. Cependant quelques voyageurs, qui sont parvenus dans ces dernières années à pénétrer dans le Soudan, y ont trouvé des peuples beaucoup plus civilisés qu'on ne l'avait supposé jusqu'ici, et parmi lesquels se distinguent les Fellatahs, qui appartiennent à la race maure, sont mahométans et ont fait la conquête des plus belles contrées du Soudan. Ces pays, arrosés par de nombreuses rivières qui se rendent dans le lac *Tchad*, qui en occupe le centre, ou dans le Niger, sont très fertiles en riz, en *dourrah*, espèce de millet, en coton, chanvre, indigo, etc.; on y trouve aussi de l'or et du fer, et presque tous les animaux de l'Afrique.

La partie septentrionale de la Cafrerie est tout-à-fait inconnue; quant à la partie méridionale, elle paraît être entrecoupée de montagnes élevées, de vallées et de plaines fertiles. Les habitants de cette portion de la Cafrerie se distinguent des autres nègres par leurs belles proportions, par la douceur de leur mœurs, et par leur industrie. Ils forgent avec habileté le fer et le cuivre qu'ils tirent des mines abondantes que possède leur pays. Ils élèvent des chevaux, et surtout des bœufs, qui leur servent de monture. La chasse, dans laquelle ils déploient une grande adresse, est une de leurs principales occupations; ils aiment aussi avec passion la musique et la danse.

## 163. AJAN.

BORNES. — On comprend ordinairement sous le nom de *Côte d'Ajan* les pays qui ont pour bornes :

Au N. le golfe d'Aden ;
A l'O. l'Abyssinie et la Cafrerie ;
Au S. le Zanguebar ;
A l'E. la mer des Indes.

VILLES REMARQUABLES. — ZEÏLAH, sur le détroit de Bab-el-Mandeb, port commerçant, regardé comme la capitale de ce pays.

AUÇA-GUREL, dans l'intérieur, où il ne pleut que fort rarement.

164. NOTIONS DIVERSES. — Les pays que nous comprenons sous le nom d'Ajan ont 30 mille lieues carrées et 400 mille habitants. La partie S.-E., à laquelle s'applique plus spécialement le nom de *Côte d'Ajan*, est une contrée aride qui n'a point de villes La côte du golfe d'Aden, nommée royaume d'*Adel* ou de *Zeïlah*, est un pays marécageux, habité par un peuple actif nommé les *Somaulis*, qui va commercer dans le golfe Arabique et la haute Afrique. Ils sont mahométans et gouvernés par un imam qui est continuellement en guerre avec les Abyssins. Les productions de toutes ces contrées sont l'or, l'ivoire et les aromates.

## 165. ZANGUEBAR.

BORNES. — Le Zanguebar a pour bornes :
Au N. la Côte d'Ajan ;
A l'O. la Cafrerie ;
Au S. le Mozambique ;
A l'E. la mer des Indes.

VILLES PRINCIPALES. — Elles sont toutes les capitales des états qui portent leurs noms, et situées sur la côte ou dans les îles voisines ; savoir, du N. au S. :

MAGADOXO, capitale d'un royaume ;

BRAVA, capitale d'une république ;

MÉLINDE, la ville la plus considérable de cette côte. Elle appartenait autrefois aux Portugais, qui en ont été chassés par les habitants ;

MOMBAZA, où les Anglais ont un établissement ;

QUILOA, qui paie tribut aux Portugais.

166. NOTIONS DIVERSES. — On donne au Zanguebar 28 mille lieues carrées et 2 millions d'habitants, en partie Arabes mahométans, et le reste nègres idolâtres divisés en plusieurs tribus. Les plaines marécageuses et malsaines qui occupent la plus grande partie de ce pays sont couvertes de forêts où vivent de nombreuses troupes d'éléphants, qui fournissent beaucoup d'ivoire.

## 167. MOZAMBIQUE,

BORNES. — Les pays compris sous le nom de *Capitainerie générale de Mozambique* par les Portugais qui ont sur cette côte de nombreux établissements, ont pour bornes :

Au N. le Zanguebar ;
A l'O. } la Cafrerie ;
Au S. }
A l'E. le canal de Mozambique.

CAPITALE. — MOZAMBIQUE, dans une île près de la côte.

VILLE REMARQUABLE. — Au S.-O. — SOFALA, sur la baie qui porte son nom, dans une contrée fertile et abondante en mines d'or, à laquelle on donne quelquefois le nom de *Côte de Sofala*.

168. NOTIONS DIVERSES. — On évalue l'étendue de ce pays à 46 mille lieues carrées, et sa population à 4 millions d'habitants nègres, idolâtres et divisés en plusieurs peuplades gouvernées par des chefs à peu près indépendants ; car les Portugais ne dominent réellement que sur la côte. Le sol, arrosé par un grand nombre de rivières, est fertile, surtout en riz. Les forêts sont remplies d'éléphants. Le pays de Sofala possède de riches mines d'or et d'argent.

## 169. GOUVERNEMENT DU CAP.

BORNES. — Le Gouvernement du Cap, ainsi nommé du cap de Bonne-Espérance qui se trouve au S.-O., a pour bornes :

Au N. le pays des Hottentots ;
A l'O. } l'Atlantique ;
Au S. }
A l'E. la Cafrerie.

CAPITALE. — LE CAP, port au N. du Cap de Bonne-Espérance, résidence du gouverneur envoyé par l'Angleterre, qui possède ce pays depuis 1806.

VILLE REMARQUABLE. — UITENHAGEN, capitale d'un gouvernement.

HOTTENTOTS. — Les Hottentots, qui habitent une grande partie du Gouvernement du Cap et toute la contrée qui s'étend au N. de ce pays, sont un peuple nègre de couleur brun-rouge, divisé en plusieurs peuplades dont quelques-unes sont très féroces. Ils n'ont que de misérables villages qu'ils nomment *Kraals*.

170. NOTIONS DIVERSES. — Le Gouvernement du Cap et le pays des Hottentots renferment 43 mille lieues carrées et 500 mille habitants, dont environ 60 mille blancs, la plupart Hollandais ou Anglais, professant la religion protestante. Le reste de la population se compose de nègres esclaves et de Hottentots idolâtres, que des missionnaires travaillent à convertir au christianisme.

Le Gouvernement du Cap, récemment divisé par les Anglais en deux gouvernements : celui du *Cap*, à l'O. et celui de *Uitenhagen*, à l'E., jouit d'un climat sain et tempéré ; cependant il est exposé pendant l'été à un vent brûlant qui détruit quelquefois toute la végétation ; et depuis le mois de mai jusqu'au mois d'août, il est inondé par des pluies continuelles (1). Les productions de l'Europe se trouvent réunies dans ce pays à celles de l'Afrique ; la plus renommée est le vin de *Constance*, que l'on recueille aux environs du Cap.

Le Cap de Bonne-Espérance, qui a donné son nom au gouvernement dont nous parlons, fut d'abord nommé *Cap des Tourmentes* par les Portugais qui y furent assaillis par d'horribles tempêtes lorsqu'ils le découvrirent, en 1483, et qui n'osèrent le doubler que 15 ans après, sous la conduite de Vasco de Gama, qui ouvrit ainsi aux Européens la route des Indes.

(1) Il faut remarquer que, dans les contrées situées au S. de l'équateur, les saisons se trouvent opposées à celles des climats septentrionaux. Ainsi les peuples qui habitent ces pays ont l'hiver pendant que nous avons l'été. Dans les contrées comprises entre les tropiques et dans celles qui en sont voisines, il n'y a point d'hiver proprement dit : il est remplacé par ce qu'on nomme la saison des pluies, qui dure près de 6 mois sous l'équateur et environ 3 mois dans le voisinage des tropiques.

## 171. ILES DE L'AFRIQUE.

DIVISION. — Les îles de l'Afrique se divisent naturellement en *îles situées dans l'Atlantique* et *îles situées dans la mer des Indes*.

ILES SITUÉES DANS L'ATLANTIQUE. — On trouve dans l'Atlantique 5 groupes et 3 îles remarquables.

Les 5 groupes sont :

Les AÇORES, dont la principale est *Terceira*, aux Portugais ;

Les îles de MADÈRE, dont la principale est *Madère*, aussi aux Portugais ;

Les CANARIES, dont les plus remarquables sont la *Grande-Canarie*, *Ténériffe*, et *l'Ile-de-Fer*, aux Espagnols ;

Les îles du CAP-VERT, dont la principale est *San-Yago*, aux Portugais ;

Les îles du GOLFE DE GUINÉE, dont les principales sont : *Fernando-Pô*, aux Anglais ; *Saint-Thomas*, aux Portugais ; *l'île du Prince* et *Annobon*, aux Espagnols.

Les 3 îles sont :

SAINT-MATHIEU, aux Portugais ;

L'ASCENSION, } aux Anglais.<br>
SAINTE-HÉLÈNE, }

172. **Iles dans la mer des Indes.** — On trouve dans la mer des Indes une grande île, 3 groupes et 2 îles moins considérables.

La grande île est

Madagascar, séparée de l'Afrique par le canal de Mozambique et divisée en plusieurs royaumes, dont le plus puissant est celui des Hovas, ou de *Madagascar*, qui s'est élevé depuis un petit nombre d'années dans le centre de l'île et qui a pour capitale *Tananarive*. — Les Français possèdent sur la côte orientale de Madagascar la petite île de *Sainte-Marie*.

Les 3 groupes sont :

Les îles Mascareignes, dont les principales sont : *Bourbon*, à la France, capitale *Saint-Denis*; *l'Ile-de-France* ou *Maurice*, et *Rodrigue*, toutes deux à l'Angleterre, qui les a enlevées à la France.

Les Séchelles, divisées en deux groupes, savoir : les *Amirantes* et les îles de *Mahé*, à l'Angleterre.

Les Comores, à l'entrée septentrionale du canal de Mozambique.

Les 2 îles moins considérables sont :

*Zanzibar*, sur la côte du Zanguebar, île commerçante, dépendant de l'imam de Maskate en Arabie (101).

*Socotora*, vis-à-vis le cap Guardafui. Les Anglais y ont un établissement.

173. NOTIONS DIVERSES.—On évalue la superficie de toutes les îles de l'Afrique à 27 mille lieues carrées et leur population à 5 millions d'habitants. La grande île de Madagascar, comprise dans cette évaluation pour 22 mille lieues carrées et 4 millions d'habitants, qui sont tous idolâtres, est, dit-on, bien cultivée et salubré dans l'intérieur, mais les côtes en sont marécageuses et malsaines.

Parmi les autres îles qui dépendent de l'Afrique, le groupe volcanique des *Açores*, peuplé de 200 mille habitants, se fait remarquer par son climat délicieux et ses fruits exquis ; — *Madère*, par son excellent vin ; — Les *Canaries*, qui paraissent être les *îles Fortunées* des anciens, par la douceur de leur température, par la fécondité de leur sol qui produit du vin, du sucre, etc., et par leur population de 174 mille habitants.—Les *îles du Cap-Vert*, volcaniques, sablonneuses et malsaines, renferment 45 mille habitants. — Les *îles du Golfe de Guinée* sont fertiles, mais malsaines à cause de l'excessive chaleur. — *Saint-Mathieu* est inhabité. — L'*Ascension* fournit aux vaisseaux qui y relâchent des tortues monstrueuses. — *Sainte-Hélène* est devenue célèbre par la détention et la mort de Napoléon. — *Bourbon* et l'*Ile-de-France*, couvertes de montagnes volcaniques dans l'intérieur, sont, sur les côtes, fertiles en café, sucre, indigo, épices, etc., et renferment l'une et l'autre plus de 80 mille habitants.

# AMÉRIQUE.

174. NOTIONS GÉNÉRALES.—L'Amérique, qui occupe tout le nouveau continent (16), est, après l'Asie, la plus grande, mais, après l'Océanie, la moins peuplée des cinq parties du monde.

DIVISION. — L'Amérique se divise naturellement en deux grandes presqu'îles réunies par l'isthme de Panama. Celle qui est située vers le N. se nomme *Amérique Septentrionale*, et celle qui est située vers le S., *Amérique Méridionale*.

ÉTENDUE, POPULATION, RELIGIONS. — On évalue la superficie de l'Amérique à plus de 2 millions de lieues carrées, et sa population à 40 millions d'habitants, dont 15 millions appartiennent à la race blanche européenne, 10 millions à la race jaune américaine, 7 millions et demi à la race nègre africaine, et autant aux races mélangées issues des trois autres. Sur ce nombre 27 millions environ sont catholiques, 12 millions protestants, et le reste idolâtres.

CLIMAT, PRODUCTIONS. — L'immense étendue de l'Amérique permet d'y retrouver tous les climats et toutes les productions des autres parties du monde. Il faut cependant remarquer qu'elle est moins chaude que l'ancien continent, ce que l'on doit attribuer surtout aux montagnes élevées qui s'y trouvent et qui donnent naissance à un nombre prodigieux de rivières et de fleuves considérables. Nulle part les métaux précieux ne sont plus abondants.

# AMÉRIQUE SEPTENTRIONALE.

175. BORNES. — L'Amérique Septentrionale a pour bornes :

Au N. l'Océan Glacial Arctique, et les mers qu'il forme ;

A l'O. le Grand-Océan ;

Au S. l'isthme de Panama et la mer des Antilles ;

A l'E. l'Océan Atlantique.

DIVISION. — L'Amérique Septentrionale se divise en 7 grandes parties, savoir :

3 au N. { Les Terres Arctiques ;
L'Amérique Russe ;
La Nouvelle-Bretagne.

1 au centre : les États-Unis.

2 au S. { Le Mexique ;
Le Guatimala.

1 dans l'Atlantique : les Antilles, qui forment, après les Terres Arctiques, l'archipel le plus considérable de l'Amérique Septentrionale.

176. **Mers qui baignent l'Amérique Septentrionale.** — Les 3 Océans qui baignent l'Amérique Septentrionale (175) forment sur ses côtes, outre la *mer de Béhring*, dont nous avons parlé (88), 3 autres mers, savoir :

1 formée par l'Océan Arctique ; c'est

La *mer de Baffin*, entre les Terres Arctiques ;

1 par l'Atlantique ; c'est

La *mer des Antilles*, qui s'enfonce entre les deux Amériques ;

1 par le Grand-Océan ; c'est

La *mer Vermeille*, ou de *Cortez*, nommée aussi *Golfe de Californie*, à l'O. du Mexique.

177. **Golfes.** — Les mers que nous venons de nommer forment 5 Golfes principaux, savoir :

3 formés par l'Atlantique :

La baie d'*Hudson*, qui forme elle même celle de *James*<br>
Le golfe *Saint-Laurent*,<br>
La baie de *Fundi*, } à l'E. de la Nouvelle-Bretagne.

2 par la mer des Antilles :

Celui du *Mexique*, à l'E. du Mexique ;<br>
Celui de *Honduras*, au N.-E. du Guatimala.

178. **Détroits.** — Outre le *détroit de Béhring*, dont nous avons déjà parlé (90), on doit encore remarquer dans l'Amérique 4 Détroits principaux, au moyen desquels l'Atlantique communique, savoir :

Par celui de *Davis*, avec la mer de Baffin ;<br>
Par celui d'*Hudson*, avec la baie d'Hudson ;<br>
Par celui de *Belle-Ile*, avec le golfe de Saint-Laurent ;<br>
Par celui de *la Floride*, nommé aussi canal de *Bahama*, avec le golfe du Mexique.

179. **Fleuves.** — Les Fleuves de l'Amérique Septentrionale, au nombre de 4 principaux, se distribuent ainsi entre les mers qui l'entourent, savoir :

1 tombe dans l'Océan Arctique ; c'est

La *Mackensie*, qui arrose la nouvelle-Bretagne ;

2 dans l'Atlantique, savoir :

Le *Saint-Laurent*, qui arrose la Nouvelle-Bretagne, et tombe dans le golfe Saint-Laurent ;

Le *Mississipi*, qui arrose les États-Unis, et tombe dans le golfe du Mexique.

1 tombe dans le Grand-Océan, savoir :

La *Colombia*, qui arrose les États-Unis.

180. Lacs. — Le N. de l'Amérique Septentrionale est rempli de lacs, parmi lesquels on en distingue surtout 12 principaux, savoir :

Le lac du *Grand-Ours*,
Le lac de l'*Esclave*,
Le lac des *Montagnes*,
Le lac des *Rennes*,
} qui s'écoulent par la Mackensie dans l'Océan Glacial.

Le *Petit-Ouinipeg*,
Le *Grand-Ouinipeg*,
} qui tombent dans la baie d'Hudson.

Le lac *Supérieur*,
Le lac *Michigan*,
Le lac *Huron*,
Le lac *Erié*,
Le lac *Ontario*,
} qui tombent les uns dans les autres et s'écoulent dans l'Atlantique par le fleuve Saint-Laurent.

Le lac *Champlain* dans les États-Unis, qui s'écoule aussi dans l'Atlantique par le Saint Laurent.

181. Niagara. — La communication entre le lac Érié et le lac Ontario a lieu par un fleuve nommé le *Niagara*, qui, un peu avant son entrée dans le lac Ontario, se précipite d'une hauteur de 160 pieds, et forme ainsi une cataracte dont le bruit s'entend à plusieurs lieues de distance.

182. PRESQU'ÎLES.—On distingue dans l'Amérique Septentrionale 9 Presqu'îles remarquables, savoir :

Le *Labrador*, au N.-E. de la Nouvelle-Bretagne ;
La *Nouvelle-Écosse*, , à l'E. de la Nouvelle-Bretagne;
La *Floride*, au S.-E. des États-Unis ;
Le *Yucatan*, au S.-E. du Mexique;
La *Vieille-Californie*, à l'O. du Mexique ;
L'*Alaska*, au S.-O. de l'Amérique Russe.

183. CAPS. — Les Caps remarquables sont au nombre de 5, savoir :

Le cap *Farewell*, au S.-E. du Groënland ;
Le cap *Cod*, à l'E. des États-Unis ;
Le cap *Catoche*, au N.-E. du Yucatan ;
Le cap *Saint-Lucas*, au S. de la Vieille-Californie;
Le cap *Glace*, au N. de l'Amérique Russe.

184. MONTAGNES. — On en distingue 3 chaînes principales, savoir :

Les monts *Océaniques*, qui bordent toute la côte du Grand-Océan ;
Les *montagnes Rocheuses*, qui commencent sur les bords de l'Océan Glacial et se prolongent sous différents noms jusqu'à l'isthme de Panama ;
Les *Alleghanys*, nommées aussi *Apalaches* au S. et *montagnes Bleues* à l'E.; elles traversent les États-Unis du N.-E. au S.-O.

185. VOLCANS. — Les Volcans sont en très grand nombre dans les 2 chaînes des montagnes Océaniques et Rocheuses.

Les 2 plus remarquables sont :

Le *Saint-Élie*, dans l'Amérique Russe ;
Le *Popocatepetl*, dans le Mexique.

## 186. TERRES ARCTIQUES.

DIVISION. — Nous comprenons sous le nom de *Terres Arctiques* toutes les terres encore peu connues qui s'étendent au N. et au N.-E. de l'Amérique et dont les plus remarquables sont :

187. Le GROENLAND, compris entre la mer de Baffin et le détroit de Davis, au S.-O. ; l'Océan Atlantique, au S.-E., et l'Océan Glacial Arctique, au N.-E. ; ses bornes vers le N.-O. sont inconnues. La pêche de la baleine, qui abonde sur ses côtes, y a fait former par les Danois plusieurs établissements, parmi lesquels :

JULIANESHAAB, au S., et UPERNAVIK, au N., sont les principaux.

Les Anglais en réclament la partie septentrionale.

188. Le SPITZBERG, situé au N.-E. du Groënland et au N. de l'Europe, est composé d'un grand nombre d'îles rocailleuses et couvertes de glaces, dans une desquelles les Russes ont formé un établissement pour la pêche de la baleine.

## 189. AMÉRIQUE RUSSE.

BORNES. — L'Amérique Russe a pour bornes :

Au N. l'Océan Glacial Arctique ;
A l'O. le détroit et la mer de Béhring ;
Au S. le Grand-Océan ;
A l'E. la Nouvelle-Bretagne.

190. ILES. — Dans les bornes que nous venons d'indiquer ne sont pas comprises plusieurs îles qui forment la partie la plus importante de l'Amérique Russe ; elles composent 3 archipels, savoir :

Les îles ALÉOUTES ou *Aléoutiennes*, nommées aussi *Iles-aux-Renards*, qui forment une chaîne qui semble lier l'Amérique à l'Asie.

L'ARCHIPEL DU ROI-GEORGES, où l'on distingue l'île de *Sitka*, sur laquelle est bâti le fort de la *Nouvelle-Arkhangel*, le chef-lieu des possessions Russes dans l'Amérique.

L'ARCHIPEL DU PRINCE-DE-GALLES, au S. de celui du Roi-Georges.

Ces deux archipels font partie de celui de *Quadra* et *Vancouver*.

191. **Notions diverses sur les terres Arctiques et l'Amérique Russe.** — Les terres Arctiques semblent former, autour du pôle dont elles portent le nom, un immense archipel, dont les îles sont séparées entre elles par un grand nombre de bras de mer ou de détroits presque toujours embarrassées de glaces, qui ont opposé jusqu'ici des obstacles insurmontables aux navigateurs qui ont essayé de passer par cette voie de l'Atlantique dans le Grand-Océan. Dans ces contrées l'hiver dure jusqu'à 9 mois et les parties les plus septentrionales connues sont, pendant 4 mois et plus, plongées dans les ténèbres de la nuit. Les habitants de ces tristes régions, connus sous le nom d'*Eskimaux*, paraissent appartenir à la même race que les Lapons de l'Europe et les Samoyèdes de l'Asie. Ils ne vivent que de leur pêche et passent l'hiver dans des espèces de tanières qu'ils se creusent dans la terre. Une secte de la religion protestante, nommée les *frères Moraves*, a converti au christianisme une partie de ceux qui habitent le Groënland, dont le nombre est estimé à 14 mille, non compris 6 mille Danois.

192. L'Amérique Russe n'est pas beaucoup plus favorisée, sous le rapport du climat, que les pays dont nous venons de parler; aussi les habitants y sont-ils généralement dans un état complet d'abrutissement et de misère; cependant ceux des côtes méridionales se font remarquer par leur industrie à construire des pirogues, et par leur habileté à la chasse et à la pêche. Ces vastes contrées, dont la population ne s'élève peut-être pas à 50 mille habitants, sont soumises à une compagnie de négociants russes, qui en tirent une grande quantité de fourrures précieuses dont ils font un immense commerce.

## 193. NOUVELLE-BRETAGNE.

BORNES. — La Nouvelle-Bretagne, nommée ainsi par les Anglais, auxquels elle appartient, a pour bornes :

Au N. le détroit et la baie d'Hudson et l'Océan Glacial Arctique ;

A l'O. l'Amérique Russe et le Grand-Océan ;

Au S. les États-Unis ;

A l'E. l'Atlantique.

La Nouvelle-Bretagne comprend en outre un assez grand nombre d'îles situées sur la côte de l'Océan Atlantique et sur celle du Grand-Océan.

CAPITALE. — QUÉBEC, sur le fleuve Saint-Laurent, capitale du Canada, la plus belle province de la Nouvelle-Bretagne, cédée par la France à l'Angleterre, en 1763.

VILLES REMARQUABLES. — A l'O. — YORK, sur le lac Ontario, capitale du Haut-Canada.

A l'E. — FRÉDÉRICKSTOWN, capitale du Nouveau-Brunswick ; — HALIFAX, bon port sur l'Atlantique, capitale de la Nouvelle-Ecosse.

194. ILES. — Dans l'Atlantique :

TERRE-NEUVE, séparée du continent par le golfe Saint-Laurent et le détroit de Belle-Ile, est remarquable par le banc de sable situé à l'E. sur lequel se fait la pêche de la morue.

| | |
|---|---|
| SAINT-JEAN, <br> L'île du CAP-BRETON, | au S.-E. <br> de Terre-Neuve. |

Les BERMUDES, à 200 lieues de la côte des États-Unis.

Il faut ajouter à ces îles celles de *Saint-Pierre* et *Miquelon*, qui appartiennent à la France.

Dans le Grand-Océan :

| | |
|---|---|
| L'île de la REINE-CHARLOTTE, <br> L'île QUADRA ET VANCOUVER, | dans l'archipel *Quadra* et *Vancouver*. |

195. NOTIONS DIVERSES. — On estime la superficie de la Nouvelle-Bretagne à 457 mille lieues carrées environ ; mais il n'y a que la partie S.-E. qui puisse être considérée comme appartenant réellement à l'Angleterre : toutes les contrées situées à l'O. et au N., parcourues par de misérables tribus sauvages, qui vivent de leur chasse et de leur pêche, n'ont pour elle quelque importance qu'a cause des riches fourrures qu'elles lui fournissent Les contrées S.-E., peuplées de 1 million d'habitants, la plupart Français et catholiques, sont belles et fertiles.

## 196. ÉTATS-UNIS.

BORNES. — Les États-Unis ont pour bornes :

Au N. la Nouvelle-Bretagne ;
A l'O. le Grand-Océan et le Mexique ;
Au S. le golfe du Mexique ;
A l'E. l'Océan Atlantique.

CAPITALE. — WASHINGTON, résidence du président et siége du congrès.

VILLES REMARQUABLES. — Au N.-O. — NEW-YORK, la ville la plus commerçante et la plus peuplée des États-Unis ; — PHILADELPHIE, siége du congrès avant la fondation de Washington.

197. NOTIONS DIVERSES. — Les États-Unis ont 316 mille lieues carrées et 13 millions d'habitants, parmi lesquels la religion dominante est le protestantisme, divisé en un grand nombre de sectes. Ils forment une république fédérative composée de 24 états indépendants, ayant chacun leur gouvernement particulier, mais dont les intérêts généraux sont réglés et administrés par un congrès composé d'un sénat et d'une chambre de représentants, et par un président élu pour 4 ans. L'immense territoire des États-Unis offre toutes les productions de l'Europe, du sucre, du coton, de l'indigo, etc. Le fer, le cuivre, le plomb, la houille y sont en abondance.

## 198. MEXIQUE.

BORNES. — Le Mexique a pour bornes :

Au N. les États-Unis ;
A l'O. le Grand-Océan ;
Au S. le Grand-Océan et le Guatimala ;
A l'E. la mer des Antilles, le golfe du Mexique et les Etats-Unis.

CAPITALE. — MEXICO, au S., une des plus belles villes du nouveau continent.

VILLES REMARQUABLES. — Vers le S. — LA PUEBLA DE LOS ANGELOS, ou la Ville-des-Anges, la seconde du Mexique ; — LA VERA-CRUZ, sur le golfe du Mexique, le principal port du Mexique.

199. NOTIONS DIVERSES. — Le Mexique a environ 195 mille lieues carrées et 7 millions d'habitants, tous catholiques : c'était la plus riche des colonies espagnoles dans le Nouveau Monde, tant par ses mines, qui fournissent plus d'or et d'argent que toutes les autres de l'Amérique, que par les productions précieuses de son sol fertile en blé, sucre, cacao, vanille, coton, indigo, tabac et bois recherchés. L'élévation de ce beau pays, traversé par de nombreuses chaînes de montagnes, en rend la température généralement douce et salubre : les côtes seules sont chaudes et malsaines. Le Mexique forme, depuis 1820, une république fédérative gouvernée par un congrès. La presqu'île du Yucatan, où les Anglais ont des établissements, est riche en bois de teinture connu sous le nom de *bois de Campêche*.

## 200. GUATIMALA.

BORNES. — Le Guatimala, nommé aussi les *États-Unis de l'Amérique centrale*, a pour bornes :

Au N. le Mexique ;
A l'O. } le Grand-Océan ;
Au S. }
A l'E. l'isthme de Panama et la mer des Antilles.

CAPITALE. — GUATIMALA, près de la côte du Grand-Océan, à 8 lieues au S. du *Vieux-Guatimala*, détruit en 1777 par un tremblement de terre qui dura cinq jours et fit périr 9 mille personnes.

VILLE REMARQUABLE. — Au S. — LÉON, capitale de l'état de Nicaragua, qui prend son nom d'un lac qui se décharge dans la mer des Antilles.

201. NOTIONS DIVERSES. — Le Guatimala a environ 27 mille lieues carrées et plus de 2 millions d'habitants, tous catholiques : il forme, comme les États-Unis et le Mexique, une république fédérative. Son climat et ses productions sont à peu près les mêmes que ceux du Mexique : la fertilité de son sol en ferait la contrée la plus agréable de l'Amérique, s'il n'était exposé à de violents tremblements de terre.

## 202. ANTILLES.

POSITION ET DIVISION.—Le grand archipel des Antilles, situé entre les deux Amériques, au N.-E. de la mer à laquelle il donne son nom, se divise naturellement en 3 groupes principaux, savoir :

Les îles LUCAYES, au N.;
Les GRANDES-ANTILLES, au centre;
Les PETITES-ANTILLES, au S.-E.

203. NOTIONS DIVERSES.—La superficie des Antilles est évaluée a 13 mille lieues carrées et leur population à 3 millions d'habitants, la plupart catholiques et appartenant à 3 races, les *blancs* européens ou d'origine européenne; les *noirs*, transportés de l'Afrique, et les *gens de couleur*, nés du mélange des blancs et des noirs. On ne connaît aux Antilles que deux saisons : la saison sèche, qui dure depuis la fin d'octobre jusqu'en avril, et celle des pluies tout le reste de l'année. Pendant la première le ciel des Antilles est le plus serein de la terre; mais la dernière est signalée par de violents orages et d'affreux ouragans. Les plus riches productions de l'Asie, de l'Afrique et de l'Amérique couvrent le sol de ces îles; le sucre, le café l'indigo, sont les plus abondantes. On y cultive aussi la plupart des plantes de l'Europe; mais presque tous les grands animaux qu'on a essayé d'y transporter de notre continent y dépérissent promptement : le cochon et le lapin seuls s'y sont bien acclimatés.

## 204. Iles Lucayes.

Les îles Lucayes, nommées aussi îles de *Bahama*, sont au nombre de 500 environ et appartiennent aux Anglais. La plus remarquable est celle de *San-Salvador* ou *Saint-Sauveur*, ainsi nommée par Christophe Colomb, qui y aborda le 12 octobre 1492. C'est la première terre découverte dans le Nouveau-Monde.

## 205. Grandes-Antilles.

Les Grandes-Antilles sont au nombre de 4, savoir :

Cuba, au N.-E., capitale *la Havane*. Cette île, riche et fertile, est aujourd'hui la possession la plus importante de l'Espagne dans le Nouveau-Monde.

La Jamaïque, au S. de Cuba; capitale *Kingston*, à l'Angleterre.

206. Haïti, ou *Saint-Domingue*, au S.-E. de Cuba; capitale *Port-au-Prince*, au S.-O., siége du gouvernement d'une république nègre, dont l'indépendance a été reconnue en 1825 par la France, qui posséda jusqu'en 1793 la plus belle partie de l'île.

Porto-Rico, à l'E. de Haïti; capitale *Saint-Jean*, aux Espagnols.

## 207. PETITES-ANTILLES.

Les Petites-Antilles se divisent en *Iles-du-Vent*, au S.-E. des Grandes-Antilles, et *Iles-sous-le-Vent*, le long du continent de l'Amérique méridionale. Les principales sont partagées entre les Français, les Anglais, les Hollandais, les Danois, les Suédois et les Espagnols de la manière suivante, savoir :

### 208. *Aux Français.*

LA GUADELOUPE, au centre des Petites-Antilles, divisée en deux îles, dont les villes principales sont : la *Basse-Terre*, et la *Pointe-à-Pitre*. Elle produit beaucoup de sucre.

LA DESIRADE,<br>MARIE-GALANDE,<br>LES SAINTES, } près des côtes de la Guadeloupe.

LA MARTINIQUE, au S.-E. de la Guadeloupe; capitale le *Fort-Royal*, la plus grande ville et le siége du gouvernement des Antilles-Françaises. Cette île produit beaucoup de sucre et le meilleur café des Antilles.

SAINT-MARTIN, au N. des Antilles. Les Français en possèdent seulement la partie septentrionale (210).

209. *Aux Anglais.*

ANTIGOA, au N. E., avec un bon port.

La DOMINIQUE, entre la Guadeloupe et la Martinique.

SAINTE-LUCIE, fertile, mais malsaine.

La BARBADE, la plus orientale des Antilles et la plus importante de celles qui appartiennent à l'Angleterre par sa population et son commerce.

TABAGO, au S.-O. de la Barbade.

La TRINITÉ, la plus méridionale et la plus grande des Iles-sous-le-Vent.

210. *Aux Hollandais.*

SAINT-MARTIN, partie méridionale.

SABA, } au N. des Iles-du-Vent.
SAINT-EUSTACHE, }

CURAÇAO, dans les Iles-sous-le-Vent.

211. *Aux Danois.*

SAINT-THOMAS, } dans les îles Vierges, au N.
SAINT-JEAN; }

SAINTE-CROIX, plus au S.

212. *Aux Suédois.*

SAINT-BARTHÉLEMY, au S.-E. de Saint-Martin.

213. *Aux Espagnols.*

SAINTE-MARGUERITE, une des Iles-sous-le-Vent.

# AMÉRIQUE MÉRIDIONALE.

214. BORNES.—L'Amérique Méridionale a pour bornes :

Au N. la mer des Antilles ;

A l'O. l'Amérique Septentrionale et le Grand-Océan ;

Au S. le détroit de Magellan, qui la sépare de la Terre-de-Feu ;

A l'E. l'Océan Atlantique.

215. DIVISION. — L'Amérique Méridionale se divise en 8 grandes parties, savoir :

2 au N. { La Colombie ;
La Guyane.

3 à l'O. { Le Pérou ;
Le Haut-Pérou ;
Le Chili.

2 à l'E. { Le Brésil ;
La Plata, avec le Paraguay et la république de l'Uruguay.

1 au S., la Patagonie.

216 MERS QUI BAIGNENT L'AMÉRIQUE MÉRIDIONALE. — Nous avons nommé, en indiquant les bornes de l'Amérique Méridionale (214), les deux océans et la seule mer qui baignent les côtes de cette grande péninsule. Elles ne forment elles-mêmes aucune autre mer, mais seulement des golfes, dont l'enfoncement n'est pas très considérable.

GOLFES. — On en compte 10 principaux, savoir :

4 formés par l'Atlantique :

La baie de *Tous-les-Saints*, à l'E. du Brésil ;
Le golfe *Saint-Antoine*, } à l'E. de la Patagonie.
Le golfe *Saint-Georges*, }
La *Grande-Baie*, }

4 formés par le Grand-Océan :

Le golfe de *Penas*, } à l'O. de la Patagonie.
Le golfe de *Los Chonos*, }
Celui de *Guayaquil*, à l'O. de la Colombie.
Celui de *Panama*, au S. de l'isthme.

2 formés par la mer des Antilles :

La baie de *Darien*, } au N. de la Colombie.
Le golfe de *Maracaïbo*, }

217. DÉTROITS. — On en peut citer 2, savoir :
Le détroit de *Magellan*, qui sépare l'Amérique de la Terre-de-Feu ;
Le detroit de *Lemaire*, entre la Terre-de-Feu et celle des Etats.

218. LACS. — Les 4 principaux sont :
Le lac *Maracaïbo*, au N. de la Colombie ;
Le lac *Titicaca*, au S. du Pérou ;
Le lac de *Los Patos*, } au S. du Brésil.
Le lac *Mérim*, }

219. **Fleuves.**—Les Fleuves les plus considérables de l'Amérique Méridionale tombent dans l'Océan Atlantique ; ces fleuves sont :

L'*Orénoque*, qui arrose la partie orientale de la Colombie.

L'*Amazone* ou *Maragnon*, qui dispute au Mississipi (179) l'honneur d'être le plus grand fleuve du monde. Il sort du Haut-Pérou, et traverse le Pérou et le Brésil. Plusieurs de ses affluents, tels que la *Madeira*, le *Topayos* et le *Xingu*, égalent les plus grands fleuves de l'Europe.

Le *Tocantin* ou *Para*, qui arrose le Brésil et communique avec l'Amazone vers son embouchure.

Le *San-Francisco*, qui arrose le Brésil.

La *Plata*, formée du *Paraguay*, du *Parana* et de l'*Uruguay*, qui arrose le Brésil, le Paraguay et les républiques de l'Uruguay et de la Plata.

220. Caps. — Les 8 caps les plus remarquables sont :

Le cap *Gallinas*, au N. de la Colombie ;
Le cap *Orange*,
Le cap *Saint Roch*,
Le cap *Frio*, } sur la côte du Brésil ;
Le cap *Horn*, au S. de la Terre-de-Feu ;
Le cap *Saint-Antoine*, au S.-E. de la Plata ;
Le cap des *Vierges*, au S.-E. de la Patagonie ;
Le cap *Blanc*, au N.-O. du Pérou.

221. Montagnes et volcans. — La chaîne la plus remarquable est la *Cordillère des Andes*, qui longe toute la côte occidentale de l'Amérique Méridionale, et renferme les plus hautes montagnes du monde après l'Himalaya (95). L'*Antisana*, le *Cotopaxi* et le *Pichincha* en sont les volcans les plus remarquables.

## 222. COLOMBIE.

BORNES. — La Colombie, divisée depuis l'année 1830 en 3 républiques distinctes, savoir : le *Vénézuéla*, à l'E. ; la *Nouvelle-Grenade*, au N.-O ; et la république de l'*Équateur*, au S.-O., a pour bornes :

Au N. la mer des Antilles ;
A l'O. le Guatimala et le Grand-Océan ;
Au S. le Pérou et le Brésil ;
A l'E. la Guyane et l'Atlantique.

CAPITALES. — CARACAS, capitale du Vénézuéla, près de la mer des Antilles ; — SANTA-FÉ DE BOGOTA, capitale de la Nouvelle-Grenade, dans une plaine fort élevée au pied des Andes ; — QUITO, capitale de la république de l'Equateur, sur le penchant du Pichincha.

223. NOTIONS DIVERSES. — On peut estimer la superficie de la Colombie à 147 mille lieues carrées et sa population à 3 millions d'habitants, tous catholiques. Ce pays renferme les plus hautes montagnes et les volcans les plus redoutables des Andes. Le climat, doux et salubre dans les parties élevées, est humide, chaud et malsain sur les côtes. Le sol produit en abondance du cacao, de l'indigo, du quinquina, du tabac, etc. ; il recèle de l'or, de l'argent, du platine, et les mines d'émeraudes les plus riches que l'on connaisse.

## 224. GUYANE.

BORNES. — La Guyane a pour bornes :

A l'E. }
Au N. } l'Océan Atlantique;
A l'O. la Colombie et le Brésil ;
Au S. le Brésil.

DIVISION ET CAPITALES. — La Guyane se divise en trois parties, savoir :

La Guyane ANGLAISE, au N.-O., capitale *Stabrock*, près de l'Atlantique ;

La Guyane HOLLANDAISE, au centre, capitale *Paramaribo*, sur la rivière de *Surinam*, par le nom de laquelle on désigne quelquefois ce pays ;

La Guyane FRANÇAISE, au S.-E., capitale *Cayenne*, dans une île qui porte le même nom, près de la côte.

225. NOTIONS DIVERSES.— La Guyane a 16 mille lieues carrées et 290 mille habitants, dont 7 mille 9 cents lieues carrées et 70 mille habitants pour la partie Française. L'intérieur est peu connu et habité par des tribus indiennes, dont les *Galibis* forment la principale. La chaleur du climat est tempérée par les vents qui règnent sur les côtes, par de nombreuses rivières et par d'immenses forêts. Le café, le sucre, le coton, le cacao sont les productions principales.

## 226. PÉROU.

BORNES. — Le Pérou a pour bornes :
Au N. la Colombie ;
A l'O. le Grand-Océan ;
Au S. le Grand-Océan et le Haut-Pérou ;
A l'E. le Brésil.

CAPITALE. — LIMA, à 2 lieues de l'Océan.

VILLE REMARQUABLE. — Vers le S. — CUZCO, capitale de l'empire des *Incas*, avant la conquête des Espagnols.

227. NOTIONS DIVERSES. — Le Pérou a 78 mille lieues carrées et 1 million et demi d'habitants, dont 1 million forme le reste de la population du puissant empire que gouvernaient les *Incas*, regardés comme les fils du soleil, et où l'or était si abondant que les Espagnols, à leur arrivée, le trouvèrent employé aux plus vils usages. C'est la chaîne des Andes qui récèle ce riche métal, et en outre de l'argent, du mercure des émeraudes, etc. Le pays compris entre cette chaîne et la mer n'est qu'une côte sablonneuse et aride où la pluie est inconnue ; à l'E. s'étendent d'immenses plaines chaudes et humides arrosées par les nombreuses rivières qui se rèndent dans l'Amazone. En montant les Andes on arrive par degrés jusqu'à la région des neiges perpétuelles : de sorte que l'on trouve au Pérou toutes les températures, et par conséquent les productions les plus variées. Le gouvernement du Pérou est républicain, la religion catholique y est seule tolérée.

## 228. HAUT-PÉROU.

BORNES. — Le Haut-Pérou, nommé aussi *Bolivia*, a pour bornes :

Au N. le Brésil et le Pérou ;
A l'O. le Pérou et le Grand-Océan ;
Au S. la Plata ;
A l'E. le Brésil.

CAPITALE. — CHUQUIZACA, appelée aussi *la Plata*, nom qui signifie *argent*, à cause des mines abondantes de ce métal situées dans le voisinage.

VILLE REMARQUABLE. — Au centre. — POTOSI, fameuse par ses riches mines d'argent.

229. NOTIONS DIVERSES.—Le Haut-Pérou a environ 40 mille lieues carrées et 1300 mille habitants, professant la religion catholique; il avait d'abord fait partie des Provinces-Unies de la Plata, mais depuis 1825, il forme une république indépendante. La portion de ce pays située à l'O. des Andes est, comme dans le Pérou, un désert aride et inhabitable connu sous le nom de désert d'*Atacama*; les contrées situées à l'O. de ces montagnes consistent en plaines immenses, souvent inondées dans la saison des pluies, et qui produisent la vigne, l'olivier, le palmier, le cotonnier, la canne à sucre, etc. Les montagnes renferment de riches mines d'or et d'argent.

## 230. CHILI.

BORNES. — Le Chili a pour bornes :
Au N. le Haut-Pérou ;
A l'O. le Grand-Océan,
Au S. la Patagonie ;
A l'E. la Patagonie et la Plata.

CAPITALE. — SAN-IAGO, au centre, dans une position agréable.

VILLE REMARQUABLE. — Au S.-O. — LA CONCEPTION, non loin des bords de l'Océan.

ARAUCANS. — Le S.-E. du Chili est habité par une nation guerrière nommée les *Araucans*, qui n'a jamais pu être soumise par les Espagnols.

ILES. — L'archipel de *Chiloë*, situé au S. du Chili, est considéré comme en faisant partie.

231. NOTIONS DIVERSES. — Le Chili a 21 mille lieues carrées et 1 million 400 mille habitants ; il forme une république où la religion catholique est seule reconnue. La fertilité du sol répond à la douceur du climat ; on y trouve la vigne, les oliviers, et la plupart des productions des deux continents; mais ce beau pays est souvent bouleversé par des tremblements de terre produits par les volcans qui brûlent dans les Andes, dont les flancs recèlent aussi d'abondantes mines d'or, d'argent et de cuivre.

## 232. BRESIL.

BORNES. — Le Brésil a pour bornes :

Au N. l'Atlantique, la Guyane et la Colombie ;

A l'O. le Pérou et le Haut-Pérou ;

Au S. la Plata et l'Atlantique ;

A l'E. l'Atlantique.

CAPITALE. — RIO-JANEIRO, au fond d'une baie qui forme un des ports les plus beaux et les plus vastes du monde.

VILLES REMARQUABLES. — A l'E. — PERNAMBOUC, et par corruption *Fernambouc*, nommée aussi *Olinde*, la ville la plus orientale du nouveau continent. — SAN-SALVADOR, nommée aussi *Bahia*, sur la baie de Tous-les-Saints, une des villes les plus commerçantes du Brésil, dont elle a été la capitale avant Rio-Janeiro.

ILES. — Parmi les îles situées sur la côte du Brésil, on remarque l'île marécageuse de MARAJO, formée par les bras de l'Amazone, à son embouchure, et celle de SAINTE-CATHERINE, remarquable par sa fertilité.

## 233. LA PLATA.

BORNES. — Les *Provinces-Unies de la Plata*, en y comprenant celles du *Paraguay* et de *l'Uruguay*, ont pour bornes :

Au N. le Brésil et le Haut-Pérou ;
A l'O. le Chili ;
Au S. la Patagonie ;
A l'E. l'Océan Atlantique.

CAPITALE. — BUENOS-AYRES, port très commerçant, à l'embouchure de la Plata, et qui doit son nom (qui signifie *bon air*) à la salubrité de l'air qu'on y respire.

VILLES REMARQUABLES. — Au N. — L'ASSOMPTION, capitale du *Paraguay*, qui forme un état indépendant.

A l'E. — MONTE-VIDEO, bon port près de l'embouchure de la Plata, capitale d'une province qui, après avoir été le sujet de longues contestations entre le Brésil et la république de la Plata, a fini par se constituer en état indépendant, sous le nom de *République de l'Uruguay*.

234. Notions diverses sur la Plata. — La république des Provinces-Unies de la Plata, la première des colonies espagnoles du Nouveau-Monde qui se soit déclarée indépendante de la mère-patrie, a environ 150 mille lieues carrées et 2 millions d'habitants, en y comprenant l'Uruguay, et le Paraguay qui est soumis à l'autorité d'un chef absolu qui prend le titre de dictateur. La religion catholique est seule admise dans le Paraguay; elle est dominante dans la Plata, mais les autres cultes y sont tolérés. La portion de la Plata qui est traversée par le fleuve qui lui donne son nom et celle qui se trouve entre ce fleuve et les Andes sont généralement marécageuses. Au S. s'étendent d'immenses plaines salées et couvertes d'herbes fort hautes, connues sous le nom de *Pampas;* au pied des Andes se trouvent de fertiles vallées, où croissent toutes les productions des autres contrées de l'Amérique. Les troupeaux de bœufs surtout sont très nombreux dans ce pays où l'on trouve aussi des crocodiles et des autruches.

235. Notions diverses sur le Brésil. — Le Brésil a 377 mille lieues carrées et 4 millions d'habitants, dont la moitié sont nègres et esclaves; il forme une monarchie constitutionnelle gouvernée par un empereur; la religion catholique y est seule permise. Le N. du Brésil se compose de plaines marécageuses, souvent inondées par l'Amazone et ses affluents: les provinces du S. sont montagneuses, salubres et fertiles: on y trouve réunies toutes les productions végétales de l'Amérique, et les productions minérales les plus précieuses, telles que l'or, les topazes, etc. Le jaguar, les singes, les crocodiles, le serpent à sonnettes, les autruches, les perroquets, sont les animaux les plus remarquables.

## 236. PATAGONIE.

BORNES. — La Patagonie a pour bornes :

Au N. la Plata et le Chili ;
A l'O. } le Grand-Océan ;
Au S. }
A l'E. l'Atlantique.

PEUPLES QUI L'HABITENT. — La Patagonie, appelée quelquefois aussi *Terre Magellanique*, de Magellan qui la découvrit, ne renferme que des villages. Les Patagons, long-temps vantés pour leur taille, qu'on supposait à tort extraordinaire, sont d'un naturel doux, bons cavaliers et habiles à manier la fronde.

237 NOTIONS DIVERSES. — La Patagonie, qui occupe toute la pointe méridionale de l'Amérique, a une superficie estimée à 66 mille lieues carrées ; sa population, qui est fort peu connue, est évaluée à 150 ou 200 mille habitants, qui sont restés jusqu'ici indépendants. Leur pays, sujet à de brusques changements de température et à de violents coups de vent, paraît peu fertile. Les côtes orientales sont arides et sablonneuses, et la partie occidentale couverte de montagnes.

## 238. ILES.

Parmi les îles que l'on rattache ordinairement à l'Amérique Méridionale, on remarque :

La Terre-de-Feu, séparée de la Patagonie par le détroit de Magellan, composée d'un assez grand nombre d'îles volcaniques presque toujours glacées et séparées entre elles par de nombreux détroits ;

La Terre-des-États, séparée de la Terre-de-Feu par le détroit de Lemaire ;

Les Iles Malouines, où les Français, les Anglais et les Espagnols ont eu successivement des établissements, aujourd'hui abandonnés ;

La Nouvelle-Géorgie et l'archipel Sandwich, couverts de glaces éternelles.

On peut ajouter à ces îles : celles de *Fernando Noronha*, de la *Trinité* et de *Martin-Vaz*, toutes rocailleuses et appartenant au Brésil, vis-à-vis la côte duquel elles sont situées ; celles de *Saint-Félix* et de *Juan-Fernandez*, vis-à-vis la côte du Chili. C'est dans l'une des dernières que fut abandonné, en 1709, le matelot anglais Selkirk, qui a donné lieu au roman de Robinson Crusoë.

# OCÉANIE.

239. POSITION. — Les îles qui composent l'Océanie sont dispersées, comme nous l'avons dit, dans toute la partie du Grand-Océan qui s'étend entre les deux continents, et surtout au S.-E. de l'Asie.

DIVISION. — L'Océanie se divise en 4 parties, savoir :

La *Malaisie*, au N.-O.
La *Mélanésie*, au S.-O.
La *Micronésie*, au N.
La *Polynésie*, à l'E.

240. NOTIONS DIVERSES. — L'Océanie, celle des cinq parties du monde qui embrasse sur le globe l'espace le plus étendu, est cependant la plus petite après l'Europe et la moins peuplée de toutes. On évalue la superficie des terres qui la composent à 532 mille lieues carrées, et leur population à 30 millions d'habitants appartenant à deux races différentes, savoir : 1° la race Malaise sortie de la presqu'île de Malakka, et l'une des variétés de la race jaune : elle s'est répandue dans toute la Malaisie, dans la Micronésie et dans la Polynésie, et y a formé des établissements considérables; 2° une variété de la race nègre, désignée sous le nom de *Nègres Océaniens*, qui paraissent les plus stupides et les plus misérables de l'espèce humaine. Un grossier fétichisme est la seule religion de la plupart d'entre eux : une partie professe cependant le mahométisme, qui s'est répandu avec les Malais dans l'Océanie, où des missionnaires anglais ont porté à leur tour la religion chrétienne.

## 241. MALAISIE.

ILES DONT ELLE SE COMPOSE. — La Malaisie, ou Océanie occidentale, d'où la race malaise paraît s'être répandue dans l'Océanie, comprend les îles connues depuis long-temps sous le nom d'*îles des Indes orientales*, et qui forment 5 archipels principaux, savoir :

Les *Philippines*, au N. ;
L'archipel de la *Sonde*, au S. O.
L'archipel de *Bornéo*, } au centre.
L'archipel de *Célèbes*, }
Les *Moluques*, à l'E.

### 242. *Archipel des Philippines.*

Les PHILIPPINES sont des îles volcaniques qui appartiennent aux Espagnols ; les principales sont :

*Luçon*, au N., capitale *Manille*, au S., chef-lieu des établissements espagnols dans l'Océanie ;

*Mindanao*, au S., capitale *Mindanao*, résidence du plus puissant souverain de l'île.

### 243. *Archipel de la Sonde.*

L'archipel de la SONDE forme une chaîne d'îles longue de plus de 1100 lieues, parmi lesquelles nous en remarquerons deux grandes, qui sont :

SUMATRA, au N.-O., de plus de 380 lieues de longueur ; villes principales :

*Achem*, au N.-O., } capitales des
*Palembang*, à l'E., } royaumes de mêmes noms ;

*Bencoulen*, au S., appartenant aux Hollandais, qui dominent à peu près dans toute cette île.

JAVA, au S.-E. de Sumatra, de 230 lieues de longueur ; villes principales :

*Batavia*, au N.-E., la plus grande ville de l'Océanie, et la capitale de toutes les possessions hollandaises dans cette partie du monde ;

*Sourakarta*, la plus grande ville de l'intérieur.

4 moins considérables, qui sont :

BANCA, à l'E. de Sumatra, aux Hollandais, riche en mines d'étain ;

SUMBAWA, à l'E. de Java ;

FLORÈS, à l'E. de Sumbawa ;

TIMOR, au S.-O. de Florès.

### 244. *Archipel de Bornéo.*

L'archipel de Bornéo ne renferme d'île remarquable que celle qui lui donne son nom, et qui est, après la Nouvelle-Hollande (250), la plus grande du globe. Elle est peu connue et divisée en un grand nombre de royaumes, dont les capitales les plus remarquables sont :

*Bornéo*, au N., la ville la plus considérable de l'île ;

*Baniermassin*, S.-O., ville très commerçante, avec un fort aux Hollandais.

### 245. *Archipel des Célèbes.*

Célèbes est aussi la seule île remarquable de son archipel ; elle est découpée par des golfes profonds et partagée en plusieurs royaumes qui tous subissent la domination ou l'alliance des Hollandais.

### 246. *Archipel des Moluques.*

Les Moluques, nommées aussi *Iles-aux-Épices*, parce qu'elles en produisent en abondance, dépendent des Hollandais. Les principales sont :

*Gilolo*, au N., et *Céram*, au S.

247. NOTIONS GÉNÉRALES SUR LA MALAISIE. — La Malaisie renferme environ 90 mille lieues carrées et 27 millions d'habitants. On y retrouve toutes les productions et tous les animaux de l'Asie méridionale. Le climat y est, comme dans toute l'Océanie, tempéré par le voisinage de la mer.

248. NOTIONS PARTICULIÈRES.—Les *Philippines* sont exposées à de violents tremblements de terre et à des ouragans furieux ; mais le sol y est d'une fertilité peu commune en très beau coton, en cannes à sucre, cocotiers, etc. — Parmi les îles de la *Sonde*, *Sumatra* est remarquable par la haute chaîne de montagnes qui la traverse et à laquelle elle doit, quoique sous l'équateur, son climat doux et tempéré et les sources nombreuses qui en l'arrosant la rendent très fertile. *Java* jouit à peu près des mêmes avantages ; mais les torrents qui descendent des montagnes pendant la saison des pluies inondent ses vastes plaines et les rendent insalubres. Le camphre, le benjoin, le poivre, le sucre, le café, l'indigo, le riz sont les productions principales de ces îles. — *Bornéo*, coupée par l'équateur, doit aussi aux hautes montagnes qui en couvrent l'intérieur un air constamment frais ; elle renferme des mines d'or, de diamants, de fer ; des tigres, des éléphants, de grands orangs-outangs, et produit du poivre, du camphre, du girofle, de la muscade, des bambous, etc.—*Célèbes*, où l'on trouve une douce température et d'admirables paysages, produit du coton, du camphre, d'exellent riz, du bois de sandal et le redoutable *upas*, dont le suc vénéneux est un poison terrible, qui sert aux naturels à empoisonner leurs flèches. — Les *Moluques*, parmi lesquelles nous comprenons les îles appelées *Timoriennes*, sont volcaniques, pittoresques et très fertiles.

## 249. MÉLANÉSIE.

ILES DONT ELLE SE COMPOSE. — La Mélanésie, ou Océanie méridionale, doit son nom à la couleur de ses habitants, qui appartiennent à la race des nègres océaniens (240); elle renferme 3 grandes terres et 8 archipels principaux.

Les 3 grandes terres sont :

250. L'AUSTRALIE, appelée d'abord *Nouvelle-Hollande* par le peuple qui l'avait découverte, la terre la plus étendue du monde, après les deux continents. On n'en connaît bien que la partie S.-E., où les Anglais ont formé des établissements compris sous le nom de *Nouvelle-Galles méridionale*, et dont le chef-lieu est *Sidney*, sur le port *Jakson*, au N. de *Botany-Bey*, où fut établie la première colonie.

251. La NOUVELLE-GUINÉE, ou *Papouasie*, la seconde grande terre de la Mélanésie, est située au N.-E. de l'Australie, dont la sépare le *détroit de Torrès*.

252. La TASMANIE, ou *Terre de Diémen*, la troisième de la Mélanésie, est au S. de l'Australie, dont elle est séparée par le *détroit de Bass*; capitale *Hobart-Town*, importante colonie anglaise.

253. Archipels. — Les 8 principaux archipels de la Mélanésie sont :

L'archipel de la Nouvelle-Bretagne, au N.-E. de la Nouvelle-Guinée, et dont les principales îles sont : la *Nouvelle-Bretagne*, la *Nouvelle-Irlande*, et le *Nouvel-Hanovre*.

Les îles de l'Amirauté, au N.-O. de l'archipel de la Nouvelle-Bretagne.

Les îles Salomon,
L'archipel de la Louisiade,
L'archipel de La Pérouse,
Les Nouvelles-Hébrides,
La Nouvelle-Calédonie ;
} au S.-E. de l'archipel de la Nouvelle-Bretagne.

L'Archipel des îles Viti ou *Fidji*, le plus oriental de la Mélanésie.

254. Iles. — Parmi les îles moins considérables répandues dans la Mélanésie, on peut citer encore :

Les îles Loyalty, au N.-E. de la Nouvelle-Calédonie.

Celle de Norfolk, située plus au S.-E., où les Anglais ont une colonie florissante.

255. Notions générales sur la Mélanésie. — La Mélanésie paraît renfermer environ 400 mille lieues carrées et 1 million et demi d'habitants appartenant à la race nègre océanienne, dont nous avons parlé plus haut (240).

256. NOTIONS DIVERSES SUR LA MÉLANÉSIE. — Le nom de la Mélanésie est tiré d'un mot grec qui signifie *noir*, et indique, comme nous l'avons dit, la couleur des habitants de cette partie de l'Océanie.

L'*Australie* ou *Nouvelle-Hollande*, moins fertile et moins variée que les autres terres de l'Océanie, a une population indigène peu nombreuse et qui semble une des espèces les plus misérables du monde ; les individus qui la composent vivent isolés et dans un état tout-à-fait sauvage. Les colonies anglaises établies sur cette terre et dans la Tasmanie sont formées en grande partie de condamnés, qui y sont transportés par le gouvernement ; soumis à un régime sévère, ils deviennent pour la plupart des cultivateurs honnêtes et laborieux. — La Nouvelle-Guinée est appelée aussi *Papouasie*, du nom des *Papouas*, ses habitants, une des variétés les plus industrieuses et les moins repoussantes d'entre les Nègres océaniens. Elle abonde en cocotiers, en muscadiers, en bois de fer et d'ébène, et voit naître les charmants oiseaux de paradis. — La *Tasmanie* doit à sa fertilité et à sa salubrité l'accroissement rapide de la colonie anglaise qui l'occupe ; les indigènes sont fort peu nombreux. — L'archipel de la *Nouvelle-Bretagne* et les îles de l'*Amirauté* sont peuplés d'indigènes cuivrés et d'une férocité remarquable. — Les archipels *Salomon* et de la *Louisiade*, entrécoupés de nombreux récifs, renferment quelques îles fertiles habitées par une race guerrière et perfide. — Celui de la *Pérouse* doit ce nom à un navigateur français envoyé par Louis XVI à la découverte des parties encore peu connues de l'Océanie et qui périt dans ces parages, où les débris de ses vaisseaux ont été retrouvés en 1828 parmi les récifs de l'île de *Vanikoro*. — Les indigènes des îles *Viti*, malgré leur férocité et leur penchant au cannibalisme occupent par leur supériorité physique et intellectuelle le premier rang dans la race Mélanésienne. —

## 257. MICRONÉSIE.

ILES DONT ELLE SE COMPOSE — La Micronésie, ou Océanie septentrionale, se compose, comme son nom l'indique, de *petites îles*, dont le nombre est considérable, et parmi lesquelles on peut distinguer 6 archipels principaux, savoir, du N.-O. au S.-E. :

L'archipel de BONIN-SIMA ou de *Magellan*, au S.-E. du Japon.

Les MARIE-ANNE, dont la principale est *Gouaham*, où les Espagnols ont un établissement important.

Les îles PELEW, dont la principale, nommée *Baubel-Thouap*, est, avec celle de Gouaham, la plus considérable de la Micronésie.

Les CAROLINES, qui, avec les Pelew, semblent former le commencement d'une longue chaîne d'îles qui se prolonge à plus de 700 lieues vers l'E.

Les ILES MARSHALL,<br>Les ILES GILBERT, } qui terminent à l'E. la chaîne dont nous venons de parler.

La Micronésie comprend encore vers le N. quelques groupes moins considérables.

258. **Notions diverses sur la Micronésie.** — Il est à peu près impossible d'évaluer avec quelque certitude l'étendue de la Micronésie et le nombre de ses habitants. Nous nous bornerons à dire que c'est la plus petite des quatre parties de l'Océanie. Quant à ses habitants, ils appartiennent, comme les Polynésiens, dont nous parlerons bientôt, à une variété de la race jaune, mais ils se distinguent d'eux par une teinte cuivrée, par les langues qu'ils parlent, qui varient d'un archipel à l'autre, et aussi par leurs coutumes et leurs superstitions religieuses.

Les îles de *Bonin-Sima* sont toutes fort petites et en partie volcaniques. — Les *Marie-Anne* ont des habitants qui excellent dans l'art de construire des canots légers et élégants, mais dont le penchant au vol, commun d'ailleurs à beaucoup de peuplades de cette partie du monde, a valu aussi à leur pays le nom d'*îles des Larrons*. *Agana*, capitale de l'île de *Gouaham*, résidence du gouverneur espagnol des Marie-Anne, renferme, dit-on, 3 mille habitants. — Les îles *Pelew* (prononcez *Péliou*), généralement longues et étroites, sont partagées entre plusieurs chefs qui sont toujours en guerre. — Les *Carolines* forment le plus grand archipel de la Micronésie et se composent de plusieurs groupes distincts. Leurs habitants, supérieurs en civilisation à ceux d'une grande partie de l'Océanie, les surpassent tous dans l'art de la construction des barques et doivent à la connaissance qu'ils ont des astres une habileté beaucoup plus grande dans la science de la navigation. — Les *îles Marshall* se composent aussi de plusieurs groupes, entre lesquels se distinguent ceux des îles *Ralick* au S.-O. et *Radak* au N.-E., partagés entre plusieurs chefs indépendants. — Les *îles Gilbert* sont aussi partagées en plusieurs groupes, dont les habitants, d'une couleur cuivrée très foncée, sont pauvres et misérables.

## 259. POLYNÉSIE.

DIVISION. — La Polynésie, ou Océanie orientale, se compose des îles disséminées dans toute la partie orientale du Grand-Océan dans une étendue de 2 mille cinq cents lieues au moins de l'O. à l'E., sur plus de 2 mille lieues du N. au S. Elle est divisée par l'équateur en *Polynésie Septentrionale* et *Polynésie Méridionale*, et ne renferme que deux grandes terres, voisines l'une de l'autre, et situées, comme nous le verrons (261), dans la Polynésie Méridionale.

### 260. *Polynésie Septentrionale.*

ILES DONT ELLE SE COMPOSE. — La Polynésie Septentrionale, beaucoup moins étendue que la Méridionale, ne renferme qu'un seul archipel remarquable, savoir :

Celui d'HAWAII, nommé aussi les *Iles Sandwich*, découvertes par le fameux capitaine Cook, qui y fut tué par les naturels. Ces îles, dont plusieurs sont assez considérables, renferment un peuple civilisé et commerçant dont le souverain réside dans celle d'*Hawaii*, la plus considérable de cet archipel, qui lui doit son nom.

## 261. *Polynésie Méridionale.*

ILES DONT ELLE SE COMPOSE. — On distingue dans la Polynésie Méridionale 6 archipels, composés d'un grand nombre de petites îles, et 1 qui renferme 2 grandes terres.

Les 6 premiers sont :

Les îles HAMOA, dont les indigènes sont d'habiles navigateurs.

Les îles de TONGA ou des AMIS, habitées par un peuple actif et industrieux.

L'Archipel de COOK avec les îles *Mangia* et *Toubouaï*.

L'Archipel de TAÏTI ou de la *Société*, dont les habitants, doux, industrieux et civilisés, ont été convertis au Christianisme. La fertile et belle île de Taïti en est aussi la plus importante.

L'Archipel de POMOTOU, nommé aussi archipel *Dangereux* ou des *îles Basses*, parce que ses nombreuses îles, peu élevées au-dessus des flots, sont parsemées de récifs et de brisants.

L'Archipel de NOUKA-HIVA ou des *Marquises*, dont les habitants sont les plus beaux de la Polynésie.

262. L'Archipel qui renferme les 2 grandes terres de la Polynésie Méridionale, est :

Celui de la NOUVELLE-ZÉLANDE, dont les 2 îles principales, nommées *Ika-na-mauwi* et *Tawaï-Pounamou*, séparées entre elles par le *détroit de Cook*, sont au nombre des plus grandes îles du globe.

On peut rattacher à cet archipel :

Le petit archipel BROUGHTON, au S.-E. de Ika-na-mauwi.

L'île STUART, au S. de Tawaï-Pounamou, dont elle est séparée par un détroit de peu de largeur.

Les îles AUKLAND, dont la principale est assez étendue.

Les îles MACQUARIE, dépourvues d'habitants et les plus méridionales de l'Océanie.

L'île ANTIPODE, ainsi nommée parce qu'elle n'est pas très éloignée du point qui se trouve aux antipodes de Paris.

Nous nommerons encore :

L'île de WAÏHOU ou de *Pâques*, et celles de *Salas* et *Gomès*, les plus orientales de toute la Polynésie.

263. Notions diverses sur la Polynésie. — La Polynésie est celle des 4 divisions de l'Océanie qui embrasse la plus grande étendue; mais il est d'ailleurs fort difficile d'évaluer la superficie des terres qui la composent et sa population totale. Cette population appartenant à une variété de la race jaune, est moins basanée que celle de la Micronésie. Les habitants de toutes les îles parlent la même langue, leurs traits ont une grande ressemblance, et ils sont tous esclaves des mêmes superstitions. Les productions de toutes ces îles sont aussi généralement les mêmes. Presque toutes produisent le cocotier, l'arbre à pain et le chou palmiste.

Dans la Polynésie Septentrionale, les îles *Hawaii* se font remarquer par la civilisation qu'y développent rapidement les nombreuses écoles ouvertes par des missionnaires chrétiens. Leurs vaisseaux vont commercer avec l'Amérique Russe, les établissements européens de l'Océanie, et même avec la Chine.

Parmi les îles de la Polynésie Méridionale, celles d'*Hamoa*, que l'habileté de leurs habitants dans l'art de construire leurs pirogues avait fait appeler *îles des Navigateurs*, sont remarquables par les aspects enchanteurs que présentent leurs nombreux villages situés au milieu de riants bosquets de palmiers, de cocotiers, d'orangers.— Celles de *Taïti* sont fameuses par les nombreuses descriptions que l'on a faites de leur fertilité et des mœurs douces et aimables de leurs habitants, convertis par les missionnaires anglais au Christianisme.— La *Nouvelle-Zélande*, qui se distingue par ses beautés naturelles et par la vigueur de sa végétation, renferme aussi des habitants d'un tempérament robuste, d'un caractère énergique, et qui ne paraissent pas devoir rester long-temps étrangers aux arts de l'Europe, pour lesquels ils ont une grande aptitude.

# GÉOGRAPHIE

## DE LA FRANCE (1).

I. BORNES. — La France a pour bornes :

Au N. les Etats de la Confédération Germanique et la Belgique.

A l'O. le Pas-de-Calais, la Manche et l'Atlantique ;

Au S. les Pyrénées et la Méditerranée ;

A l'E. le Var, les Alpes, le Rhône, le Jura et le Rhin.

129. ÉTENDUE, POPULATION, RELIGION, GOUVERNEMENT. — La France, le quatrième des états de l'Europe en étendue et le second en population, renferme 27 mille 500 lieues carrées et plus de 32 millions d'habitants, sur lesquels 31 millions professent la religion catholique ; 1 million 200 mille appartenant à la religion protestante se trouvent réunis surtout dans les provinces de l'est et du midi. Le gouvernement est une monarchie représentative. Le roi gouverne conformément aux lois qu'il publie après qu'elles ont été adoptées par les deux chambres, savoir : la *Chambre des Pairs*, composée de membres nommés par le Roi, et la *Chambre des Députés*, composée de 459 membres élus pour cinq ans par les départements.

(1) Se vend séparément 20 centimes.

3. Climat, productions.—Le climat de la France est généralement tempéré et l'air pur et salubre. Les régions du N.-O., plus humides et plus froides que le reste de la France, sont presque partout d'une grande fertilité en grains de toute espèce; elles abondent en excellents pâturages qui nourrissent de superbes bestiaux; mais elles ne produisent pas de vin. Il y est remplacé par la bière et le cidre. Les contrées de l'E. et du S. fournissent les meilleurs vins de l'Europe, connus sous le nom de *Champagne*, de *Bourgogne* et de *Bordeaux*. Le S.-E., abrité par les montagnes contre les vents froids du N. et humides de l'O. et du N.-O., voit mûrir les fruits des pays chauds, tels que l'olive, l'orange, le citron la grenade, etc. Plus de 9 mille rivières, dont un grand nombre sont navigables et réunies entre elles par des canaux, portent la fertilité dans toutes les parties de la France et y facilitent le transport des productions du sol. Enfin la masse compacte que forme son territoire la rend naturellement un des états les plus puissants de l'Europe.

4. Notions historiques — La France occupe la plus grande partie de l'ancienne *Gaule*, soumise par Jules-César au pouvoir des Romains, qui la possédèrent pendant 500 ans, et envahie au 5e siècle de l'ère chrétienne par les peuplades belliqueuses de la Germanie, connues sous le nom de *Francs*. Clovis, le plus illustre de leurs chefs, y fonda une monarchie qui devint, sous Charlemagne, le plus puissant empire de l'Europe. Morcelée sous ses successeurs par des partages multipliés, elle était devenue la proie d'une foule de petits souverains absolus. Hugues Capet, montant sur le trône en 987, possédait seulement l'*Ile-de-France*, la *Picardie* et l'*Orléanais*. Les autres provinces (15) y furent successivement réunies.

5. **Golfes.** — Les mers qui entourent la France forment sur ses côtes deux grands Golfes, savoir :

Le Golfe de *Gascogne*, dans l'Atlantique ;
Le Golfe de *Lyon*, dans la Méditerranée.

6. **Détroits.** — Outre la Manche et le Pas-de-Calais, qui séparent la France de l'Angleterre, on peut remarquer près de ses côtes les Détroits suivants :

Le pertuis *Breton*, qui sépare l'île de Ré (41) du département de la Vendée ;

Le pertuis d'*Antioche*, qui sépare l'île de Ré de celle d'Oléron (41) ;

Le pertuis de *Maumousson*, qui sépare l'île d'Oléron du département de la Charente-Inférieure.

7. **Presqu'îles.** — On remarque en France 3 Presqu'îles principales, savoir :

Celle de la *Manche*, formée par la partie septentrionale du département de ce nom, entourée par la mer de la Manche ;

Celle de *Bretagne*, la plus considérable des trois, formée par l'ancienne province de ce nom, entourée par l'Atlantique ;

Celle de *Quiberon*, la moins remarquable des trois, au S. de la Bretagne.

**Caps.** — Les 5 plus remarquables sont :

Le cap *Griz-nez*, dans le Pas-de-Calais ;

| | |
|---|---|
| La pointe de *Barfleur*,<br>Le cap la *Hogue*, | formés par la presqu'île de la Manche, l'un au N.-E., l'autre au N.-O. dans la mer de la Manche. |
| La pointe du *Raz*,<br>La pointe de *Penmark*, | formées par la presqu'île de Bretagne, dans l'Atlantique. |

9. **Fleuves et Rivières.** — La France est arrosée par 5 grands Fleuves, qui reçoivent 38 Rivières, savoir :

Le Rhin, qui reçoit 3 rivières, savoir :

*Sur sa rive gauche :*
L'Ill. — La Moselle, *grossie de* la Meurthe. — La Meuse.

Les rivières qu'il reçoit sur sa rive droite ne coulent pas en France.

La Seine, qui recoit 5 rivières, savoir :

2 *sur sa rive gauche :*
L'Yonne. — L'Eure.

3 *sur sa rive droite :*
L'Aube. — La Marne. — L'Oise, *grossie de* l'Aisne.

La Loire, qui reçoit 8 rivières, savoir :

6 *sur sa rive gauche :*
L'Allier. — Le Loiret. — Le Cher. — L'Indre. — La Vienne, *grossie de* la Creuse. — La Sèvre Nantaise.

2 *sur sa rive droite :*
La Nièvre. — La Maine, *formée de la réunion de* la Mayenne *et de* la Sarthe *grossie du* Loir.

La Gironde, qui reçoit 5 rivières, savoir :

1 *sur sa rive gauche :*
Le Gers.

4 *sur sa rive droite :*
L'Ariége. — Le Tarn, *grossi de* l'Aveyron. — Le Lot. — La Dordogne, *grossie de* la Vézère, *augmentée elle-même de* la Corrèze.

Le Rhône, qui reçoit 7 rivières, savoir :

3 *sur sa rive gauche :*
L'Isère. — La Drôme. — La Durance.

4 *sur sa rive droite :*
L'Ain. — La Saône, *grossie* du Doubs. — L'Ardèche. — Le Gard.

10. Autres Rivières. — Outre les rivières qui se joignent aux fleuves que nous venons de nommer, on en remarque en France plusieurs autres qui se rendent directement dans les mers qui l'entourent, mais qui ne sont pas assez considérables pour mériter le nom de fleuves.

Les 12 principales, sont :

Entre le Rhin et la Seine, 2 savoir :

L'*Escaut*, qui se rend dans la mer du Nord;
La *Somme*, qui se jette dans la Manche;

Entre la Seine et la Loire, 3, savoir :

L'*Orne*, } qui se jettent dans la Manche;
La *Vire*, }
La *Vilaine*, qui se grossit de l'*Ille* et se rend dans l'Atlantique.

Entre la Loire et la Gironde, 2, savoir :

La *Sèvre Niortaise*, qui reçoit la *Vendée* et se rend dans l'Atlantique;

La *Charente*, qui se jette aussi dans l'Atlantique.

Entre la Gironde et les Pyrénées, 1, savoir :

L'*Adour*, qui tombe dans le Golfe de Gascogne.

Entre les Pyrénées et le Rhône, 3, savoir :

La *Têt*, }
L'*Aude*, } qui se jettent dans le Golfe de Lyon.
L'*Hérault*, }

Entre le Rhône et les Alpes, 1, savoir :

Le *Var*, qui tombe dans la Méditerranée.

Bassins. — On appelle *Bassin d'un fleuve* tous les pays arrosés par ce fleuve et par ses affluents, c'est-à-dire par les rivières qui s'y rendent. Chaque affluent a son Bassin particulier, composé des pays qu'il arrose et nommé *Bassin Secondaire*. Les Bassins des fleuves dont le cours a peu d'étendue et qui ne comprennent que des pays situés près des côtes de la mer s'appellent *Bassins Côtiers*.

11. **Montagnes.** — Outre les grandes Chaînes de Montagnes des Pyrénées, des Alpes et du Jura, qui bornent la France au S.-O. et au S.-E. et qui donnent leurs noms à plusieurs de ses départements, on distingue dans l'intérieur de ce pays 3 Chaînes moins considérables, qui forment les limites des bassins des fleuves qui l'arrosent. Ces 3 chaînes sont :

Les *Cévennes*, qui se rattachent aux Pyrénées entre les sources de l'Aude et de l'Ariége, et séparent ainsi les eaux qui se rendent dans la Gironde de celles qui coulent vers le Golfe de Lyon et le Rhône. — La *Lozère*, qui donne son nom à un département, est une petite chaîne qui fait partie de ces montagnes.

Les *Monts d'Auvergne*, qui se rattachent aux Cévennes et séparent les eaux de la Gironde de celles de la Loire. On y remarque le *Cantal*, le mont *Dore* et le *Puy-de-Dôme*; le premier et le dernier donnent leurs noms à deux départements.

Les *Vosges*, qui renferment les sources de la Meuse et de la Moselle, dont elles séparent les eaux de celles du Rhin.—Cette chaîne se rattache aux Cévennes par celles de la *Côte-d'Or* et des montagnes du *Charolais* et du *Forez*, qui séparent les eaux de la Seine et de la Loire de celles du Rhône.

On peut ajouter à ces montagnes celles de la *Corse*, qui couvrent l'île du même nom.

Parmi les montagnes qui se trouvent sur le territoire de la France, les plus élevées sont : — Dans les Alpes : les monts *Pelvoux*, *Viso*, *Genève* et *Ventoux*. — Dans les Pyrénées : les monts *Poset* et *Perdu*, le *Cylindre de Marboré*, le pic du *Midi* et le *Canigou*.— Dans les Cévennes : le mont *Mezen*.— Dans les Vosges le *Ballon d'Alsace*. — Dans la Corse : le *Monte Rotondo*.

12. CANAUX. — Nous venons de voir que les bassins des fleuves sont séparés les uns des autres par des chaînes de montagnes et de collines ; les Canaux au contraire sont destinés à les réunir, afin de faciliter les communications et le transport des marchandises Les plus remarquables de la France sont au nombre de 9, savoir :

Le canal de *Saint-Quentin*, qui unit l'Escaut à la Somme.

Le canal de *Picardie*, qui fait communiquer la Somme avec l'Oise et par conséquent avec la Seine.

Les canaux d'*Orléans*, de *Briare* et du *Loing*, qui joignent la Seine à la Loire.

Le canal de *Bourgogne*, qui unit l'Yonne à la Saône et par conséquent la Seine au Rhône.

Le canal de l'*Est*, qui unit la Saône et par conséquent le Rhône et le Rhin.

Le canal du *Centre*, qui joint la Loire à la Saône et par conséquent au Rhône.

Le canal de *Languedoc* ou du *Midi*, qui unit la Garonne au golfe de Lyon et par conséquent l'Océan Atlantique à la mer Méditerranée.

13. PORTS.—Les principaux Ports de France sont :

Pour la marine de guerre : —*Brest*, sur la Manche ; —*Cherbourg* et *Lorient*, sur l'Atlantique ;—*Rochefort*, près de l'embouchure de la Charente;—*Toulon* sur la Méditerranée.

Pour la marine marchande :—*Dunkerque*, *Calais* et *Boulogne*, sur le Pas-de-Calais ; — *Dieppe*, le *Hâvre* et *Saint-Malo*, sur la Manche ; — *Nantes*, sur la Loire ; — Les *Sables-d'Olonne* et *la Rochelle*, sur l'Atlantique ; — *Bordeaux*, sur la Gironde ; — *Marseille*, sur la Méditerranée

14. DIVISION. — La France, divisée autrefois en 32 gouvernements, a été en 1790 partagée en départements, dont le nombre, après avoir varié bien des fois, est aujourd'hui de 86. Ils ont reçu pour la plupart les noms des rivières qui les arrosent : cette raison nous engage à suivre pour les décrire l'ordre où nous avons nommé ces rivières.

Les 86 départements formeront donc 12 sections, savoir :

1° Départements arrosés par le Rhin et ses affluents au nombre de. . . . . . . . . . . . . . . . 7
2° Départements entre la frontière du nord et la Seine. . . . . . . . . . . . . . . . . . . . . . 3
3° Dép. arrosés par la Seine et ses affluents. . 12
4° Dép. entre la Seine et la Loire. . . . . . 7
5° Dép. arrosés par la Loire et ses affluents. . 17
6° Dép. entre la Loire et la Gironde. . . . . 4
7° Dép. arrosés par la Gironde et ses affluents. 13
8° Dép. entre la Gironde et les Pyrénées . . 5
9° Dép. entre les Pyrénées et le Rhône . . . 3
10° Dép. arrosés par le Rhône et ses affluents . 15
11° Dép. entre le Rhône et la frontière de l'E.. 1
12° La Corse, située dans la Méditerranée . . 1

## 15. TABLEAU

Présentant la correspondance de l'ancienne division de la France en 32 gouvernements, avec la division actuelle en 86 départements.

| Gouvernements. | Départements. |
|---|---|
| Flandre Française… | Nord. |
| Artois et Boulonnais. | Pas-de-Calais. |
| Picardie………… | Somme. |
| Normandie……… | Seine-Inférieure.<br>Eure.<br>Calvados.<br>Manche.<br>Orne. |
| Ile-de-France……. | Oise.<br>Aisne.<br>Seine-et-Oise.<br>Seine.<br>Seine-et-Marne.<br>Ardennes. |
| Champagne……… | Marne.<br>Aude.<br>Haute-Marne. |
| Lorraine………… | Meuse.<br>Moselle.<br>Meurthe.<br>Vosges. |
| Alsace………….. | Bas-Rhin.<br>Haut-Rhin. |
| Bretagne………… | Ille-et-Vilaine.<br>Côtes-du-Nord.<br>Finistère.<br>Morbihan.<br>Loire-Inférieure. |

| Gouvernements. | Départements. |
|---|---|
| Poitou | Vendée.<br>Deux-Sèvres.<br>Vienne. |
| Aunis et Saintonge | Charente-Inférieure. |
| Angoumois | Charente. |
| Maine | Mayenne.<br>Sarthe. |
| Anjou | Maine-et-Loire. |
| Touraine | Indre-et-Loire. |
| Marche | Creuse. |
| Limosin | Haute-Vienne.<br>Corrèze. |
| Orléanais | Eure-et-Loir.<br>Loir-et-Cher.<br>Loiret. |
| Berry | Indre.<br>Cher. |
| Nivernais | Nièvre. |
| Bourbonnais | Allier. |
| Auvergne | Puy-de-Dôme.<br>Cantal. |
| Lyonnais | Loire.<br>Rhône. |
| Bourgogne | Yonne.<br>Côte-d'Or.<br>Saône-et-Loire.<br>Ain. |
| Franche-Comté | Haute-Saône.<br>Doubs.<br>Jura. |
| Dauphiné | Isère.<br>Drôme.<br>Hautes-Alpes. |

| Gouvernements. | Départements. |
|---|---|
| Guyenne et Gascogne. | Gironde.<br>Landes.<br>Dordogne.<br>Lot-et-Garonne.<br>Gers.<br>Hautes-Pyrénées.<br>Lot.<br>Tarn-et-Garonne.<br>Aveyron. |
| Béarn .............. | Basses-Pyrénées. |
| Languedoc ......... | Haute-Garonne.<br>Tarn.<br>Aude.<br>Hérault.<br>Lozère.<br>Haute-Loire.<br>Ardêche.<br>Gard. |
| Comté de Foix...... | Ariége. |
| Roussillon.......... | Pyrénées-Orientales. |
| Comtat Venaissin.... | Vaucluse. |
| Provence........... | Bouches-du-Rhône.<br>Basses-Alpes.<br>Var. |
| Corse .............. | Corse. |

16. AUTRES DIVISIONS. — Outre la division naturelle de la France en bassins et sa division administrative en 86 départements, il faut noter encore sa division ecclésiastique en 14 archevêchés et 66 évêchés ou diocèses ; sa division judiciaire en 27 cours royales ; sa division universitaire en 26 académies ; sa division militaire en 20 divisions militaires ; enfin sa division forestière en 20 conservations des forêts.

## BASSIN DU RHIN.

Le Rhin n'a en France ni sa source ni son embouchure ; descendu du mont Saint-Gothard, dans les Alpes de la Suisse, il forme, pendant 40 lieues environ, la frontière orientale de la France, qu'il sépare du grand-duché de Bade, traverse ensuite d'autres États Allemands, où il reçoit la *Moselle* ; puis, tournant au N.-O., il va dans les Pays-Bas confondre ses embouchures avec celles de la *Meuse*. Son bassin se compose donc du *Bassin du Rhin proprement dit* et des 2 *Bassins secondaires de la Moselle et de la Meuse*.

18. BASSIN DU RHIN PROPREMENT DIT. — Il comprend 2 départements, savoir :

Celui du HAUT-RHIN, dont ce fleuve forme la limite orientale ; chef-lieu, *Colmar*, près de la rivière d'*Ill* ;

Celui du BAS-RHIN, limité aussi à l'E. par le Rhin ; chef-lieu, *Strasbourg*, sur l'*Ill*, qui, à une lieue de là, se jette dans le Rhin ; l'une des plus fortes places du royaume ; ancienne capitale de l'*Alsace*,

19. BASSIN SECONDAIRE DE LA MOSELLE. — Il comprend 3 départements, savoir :

Celui des VOSGES, à l'O. de celui du Haut-Rhin, et qui doit son nom aux montagnes où la Moselle prend sa source ; chef-lieu, *Epinal*, sur cette rivière ;

Celui de la MEURTHE, au N. de celui des Vosges, traversé par la Moselle et la Meurthe, qui s'y unissent ; chef-lieu, *Nancy*, belle ville, près de la Meurthe ; ancienne capitale de la *Lorraine* ;

Celui de la MOSELLE, au N. de celui de la Meurthe ; chef-lieu, *Metz*, place très forte, sur la Moselle.

20. BASSIN SECONDAIRE DE LA MEUSE. — Il comprend 2 départements, savoir :

Celui de la MEUSE, à l'O. de ceux de la Meurthe et de la Moselle ; chef-lieu, *Bar-le-Duc*, sur l'Ornain, renommé pour ses vins et ses confitures ;

Celui des ARDENNES, au N.-O. de celui de la Meuse, et qui doit son nom à une immense forêt qui en couvre tout le N. et qui s'étend encore dans les Pays-Bas ; chef-lieu, *Mézières*, ville forte sur la Moselle.

*Entre la frontière du Nord et la Seine.*

21. Les 3 départements situés au N. de la France, entre la frontière et le bassin de la Seine, sont compris en grande partie dans les bassins côtiers de l'*Escaut* et de la *Somme*.

22. Bassin de l'Escaut. — Il comprend 2 départements, savoir :

Celui du Nord, ainsi nommé parce qu'il est le plus septentrional de la France; chef-lieu, *Lille*, une des plus fortes places du royaume; ancienne capitale de la *Flandre Française* ;

Celui du Pas-de-Calais, qui doit son nom au détroit qui le sépare de l'Angleterre; chef-lieu, *Arras*, près de la *Scarpe*, qui se jette dans l'Escaut; ville forte, ancienne capitale de l'*Artois*.

23. Bassin de la Somme. — Il comprend :

Le département de la Somme, qui tire son nom de la rivière qui l'arrose ; chef-lieu, *Amiens*, sur la Somme, ville manufacturière et commerçante ; ancienne capitale de la *Picardie* ; siége de la monarchie française sous Clodion.

## BASSIN DE LA SEINE.

24. La Seine prend sa source près de Saint-Seine, au pied des collines de la Côte-d'Or, dans le département de ce nom, dont la plus grande partie est comprise dans le bassin du Rhône (62); elle coule ensuite au N.-O. jusqu'à la Manche. Son bassin se compose du *Bassin de la Seine proprement dit* et de 4 *Bassins secondaires*, savoir : ceux de la *Marne* et de l'*Oise* sur sa rive droite, ceux de l'*Yonne* et de l'*Eure* sur sa rive gauche.

25. Bassin de la Seine proprement dit. — Il comprend 6 départements, savoir :

Celui de l'Aube, qui doit son nom à la rivière qui s'y réunit à la Seine ; chef-lieu, *Troyes*, sur la Seine, ancienne capitale de la *Champagne* ;

Celui de Seine-et-Marne, arrosé par ces deux rivières ; chef-lieu, *Melun*, sur la Seine ;

Celui de Seine-et-Oise, dans lequel l'Oise s'unit à la Seine ; chef-lieu, *Versailles*, où l'on admire le magnifique château bâti par Louis XIV ;

26. Celui de la SEINE, enclavé dans celui de Seine-et-Oise, le plus petit et cependant le plus peuplé de la France après celui du Nord; chef-lieu, PARIS, capitale du royaume, une des plus belles villes du monde, et la seconde de l'Europe en population et en richesse;

Celui de l'EURE, où l'Eure s'unit à la Seine; chef-lieu, *Évreux*;

Celui de la SEINE-INFÉRIEURE, à l'O. duquel la Seine se jette dans la Manche par une large embouchure; chef-lieu, *Rouen*, sur la Seine, une des villes les plus commerçantes de la France; ancienne capitale de la *Normandie*.

27. BASSIN SECONDAIRE DE LA MARNE. — Il comprend 2 départements, savoir :

Celui de la HAUTE-MARNE, où la Marne prend sa source, entre ceux des Vosges à l'E. et de l'Aube à l'O.; chef-lieu, *Chaumont*, sur la Marne;

Celui de la MARNE, au N.-O. de celui de la Haute-Marne; chef-lieu, *Châlons-sur-Marne*; mais la ville la plus importante est *Reims*, où avait lieu le sacre des rois de France.

28. BASSIN SECONDAIRE DE L'OISE. — Il comprend 2 départements, savoir :

Celui de l'AISNE, arrosé par l'Oise et par l'Aisne, qui vont se réunir dans celui de l'Oise; chef-lieu, *Laon*, sur une montagne;

Celui de l'OISE, à l'O. de celui de l'Aisne; chef-lieu, *Beauvais*, illustrée par le courage de ses femmes, qui, sous la conduite de Jeanne Hachette, la défendirent contre la puissante armée de Charles-le-Téméraire, duc de Bourgogne.

29. BASSIN SECONDAIRE DE L'YONNE. — Il comprend le département de l'YONNE, arrosé par cette rivière, qui va joindre la Seine à Montereau (Seine-et-Marne); chef-lieu, *Auxerre*, sur l'Yonne, connu par ses vins.

30. BASSIN SECONDAIRE DE L'EURE. — Il comprend, au moins en partie :

Le département d'EURE-ET-LOIR, dont le S. est arrosé par le *Loir*, affluent de la Loire; chef-lieu, *Chartres*, sur l'Eure, remarquable par sa cathédrale, dont on admire les hauts clochers et dans laquelle fut sacré Henri IV.

## DÉPARTEMENTS.

### *Entre la Seine et la Loire.*

31. Les 7 départements situés entre l'embouchure de la Seine et celle de la Loire occupent un grand nombre de petits bassins côtiers, parmi lesquels on distingue ceux de l'*Orne*, de la *Vire*, de la *Vilaine*, et plusieurs autres compris surtout dans la *Presqu'île de l'ancienne Bretagne.*

32. Bassin de l'Orne. — Il comprend 2 départements, savoir :

Celui de l'Orne, où cette rivière prend sa source, mais dont le S. appartient au bassin de la Loire ; chef-lieu, *Alençon*, sur la Sarthe (43), connu par ses dentelles et ses faux diamants ;

Celui du Calvados, ainsi nommé d'une chaîne de rochers qui borde la côte ; chef-lieu, *Caen*, sur l'Orne.

33. Bassin de la Vire. — Il comprend :

Le département de la Manche, qui doit son nom à la mer qui l'entoure en partie ; chef-lieu, *Saint-Lô*, sur la Vire.

34. Bassin de la Vilaine. — Il comprend :

Le département d'Ille-et-Vilaine, qui s'étend à l'entrée de la presqu'île de Bretagne ; chef-lieu, *Rennes*, au confluent de l'Ille et de la Vilaine ; ancienne capitale de la *Bretagne*.

35. Presqu'ile de Bretagne. — Elle comprend 3 départements, savoir :

Celui des Côtes-du-Nord, ainsi nommé parce qu'il s'étend le long des côtes du nord de cette presqu'île ; chef-lieu, *Saint-Brieuc*, près de la mer ;

Celui du Finistère, qui tire son nom de sa position à l'extrémité occidentale de la France ; chef-lieu, *Quimper*, vers le S. ; mais la ville la plus importante est *Brest*, beau port sur l'Océan, et le premier arsenal de la marine royale. A ce département appartient l'île d'*Ouessant* ;

Celui du Morbihan, ainsi appelé d'un golfe situé sur sa côte méridionale, et dont le nom signifie *petite mer* dans le langage du pays ; chef-lieu, *Vannes*, près du Morbihan. — *Belle-Ile* fait partie de ce département.

## BASSIN DE LA LOIRE.

36. La Loire sort du Gerbier-des-Joncs, une des montagnes des Cévennes, dans le département de l'Ardèche (60); elle coule d'abord vers le N. et ensuite vers l'O. jusqu'à l'océan Atlantique. Son bassin se compose du *Bassin de la Loire proprement dit* et de 5 Bassins secondaires, savoir : ceux de l'*Allier*, du *Cher*, de l'*Indre*, de la *Vienne*, sur sa rive gauche, et celui de la *Maine*, sur sa rive droite.

37. Bassin de la Loire proprement dit. — Il se compose de 8 départements, savoir :

Celui de la Haute-Loire, entre les Cévennes et les monts d'Auvergne; chef-lieu, *Le Puy*, environné de rochers volcaniques;

Celui de la Loire, au N. de celui de la Haute-Loire; chef-lieu, *Montbrison*;

Celui de la Nièvre; chef-lieu, *Nevers*, sur la Loire; ancienne capitale du *Nivernais*;

Celui du Loiret, chef-lieu, *Orléans*, défendu par Jeanne d'Arc contre les Anglais; ancienne capitale de l'*Orléanais*.

38. Celui de Loir-et-Cher, au S.-O. de celui du Loiret; chef-lieu, *Blois*, avec un beau port sur la Loire;

Celui d'Indre-et-Loire, au S.-O. de celui de Loir-et-Cher; chef-lieu, *Tours*, entre la Loire et le Cher, ancienne capitale de la *Touraine*, surnommée le *Jardin de la France*;

Celui de Maine-et-Loire, à l'O. de celui d'Indre-et-Loire; chef-lieu, *Angers*, au confluent de la Mayenne et de la Sarthe, dont la réunion forme la *Maine*; ancienne capitale de l'*Anjou*;

Celui de la Loire-Inférieure, à l'O. de celui de Maine-et-Loire; chef-lieu, *Nantes*, port sur la Loire, une des plus grandes villes de France.

39. Bassin secondaire de l'Allier. — Il comprend 2 départements, savoir:

Celui du Puy-de-Dôme, couvert au S. par les monts d'Auvergne; chef-lieu, *Clermont*, près du Puy-de-Dôme, ancienne capitale de l'*Auvergne*;

Celui de l'Allier, au N. de celui du Puy-de-Dôme; chef-lieu, *Moulins*, sur l'Allier, renommé pour sa coutellerie; ancienne capitale du *Bourbonnais*.

40. Bassin secondaire du Cher. — Il comprend le département du Cher, à l'O. de celui de la Nièvre ; chef-lieu, *Bourges*, ancienne capitale du *Berry*.

41. Bassin secondaire de l'Indre. — Il comprend le département de l'Indre, à l'O. de celui du Cher ; chef-lieu, *Châteauroux*, sur l'Indre.

42. Bassin secondaire de la Vienne. — Il comprend 3 départements, savoir :

Celui de la Haute-Vienne, traversé par la Vienne de l'E. à l'O. ; chef-lieu, *Limoges*, sur la Vienne, ancienne capitale du *Limosin* ;

Celui de la Vienne, au N.-O. de celui de la Haute-Vienne ; chef-lieu, *Poitiers*, ancienne capitale du *Poitou* ;

Celui de la Creuse, traversé par la Creuse, affluent de la Vienne ; chef-lieu, *Guéret*, ancienne capitale de la *Marche*.

43. Bassin secondaire de la Maine. — Il comprend 2 départements, savoir :

Celui de la Mayenne, à l'E. de celui d'Ille-et-Vilaine ; chef-lieu, *Laval*, sur la Mayenne, renommé pour ses toiles ;

Celui de la Sarthe, à l'E. de celui de la Mayenne ; chef-lieu, *Le Mans*.

## DÉPARTEMENTS

### *Entre la Loire et la Gironde.*

44. Les 4 départements situés entre la Loire et la Gironde sont compris en grande partie dans les Bassins côtiers de la *Sèvre Niortaise* et de la *Charente.*

45. Bassin de la Sèvre Niortaise. — Il comprend 2 départements, savoir :

Celui des Deux-Sèvres; chef-lieu, *Niort,* sur la Sèvre Niortaise ;

Celui de la Vendée, traversé à l'E. par la Vendée, qui se joint au S. à la Sèvre Niortaise; chef-lieu, *Bourbon-Vendée,* au centre d'un pays célèbre par les guerres dont il a été le théâtre.

Les îles *Noirmoutier* et *Dieu* lui appartiennent.

46. Bassin de la Charente. — Il contient 2 départements, savoir :

Celui de la Charente, au S.-E. de celui des Deux-Sèvres ; chef-lieu, *Angoulême,* ancienne capitale de l'*Angoumois* ;

Celui de la Charente-Inférieure, à l'O. de celui de la Charente ; chef-lieu, *La Rochelle,* près de la mer ; ancienne capitale de l'*Aunis.* — Les îles de *Ré* et *Oléron* en font partie.

## BASSIN DE LA GIRONDE.

47. La Gironde, qui donne son nom au département au N.-O. duquel elle a son embouchure dans l'Atlantique, se forme, dans ce département, de la réunion de la *Dordogne*, qui descend des monts d'Auvergne et coule vers l'O., et de la *Garonne*, qui sort des Pyrénées et coule vers le N.-O. Son Bassin se compose des Bassins de la *Dordogne* et de la *Garonne*, et des 4 Bassins secondaires de l'*Ariége*, du *Tarn*, du *Lot*, sur sa rive droite, et du *Gers*, sur sa rive gauche.

48. Bassin de la Dordogne. — Il comprend 3 départements, savoir :

Celui du Cantal, couvert par les monts d'Auvergne ; chef-lieu, *Aurillac* ;

Celui de la Corrèze, traversé par la Dordogne et la Corrèze, affluent de la Vézère, rivière qui se joint à la Dordogne dans le département de la Dordogne ; chef-lieu, *Tulle*, sur la Corrèze ;

Celui de la Dordogne, au S.-O. de celui de la Corrèze ; chef-lieu, *Périgueux*, renommé pour ses pâtés.

49. Bassin de la Garonne. — Il se compose de 4 départements, savoir :

Celui de la Haute-Garonne, qui s'étend depuis le pied des Pyrénées jusqu'à une distance assez grande au N.-E.; chef-lieu, *Toulouse*, à la jonction du canal du Languedoc avec la Garonne, ancienne capitale du *Languedoc*, et l'une des grandes villes de la France ;

Celui de Tarn-et-Garonne, dans lequel le Tarn (51) se joint à la Garonne ; chef-lieu, *Montauban*, sur le Tarn ;

Celui de Lot-et-Garonne, où le Lot (52) joint la Garonne ; chef-lieu, *Agen*, sur la rive droite de la Garonne, ville très commerçante ;

Celui de la Gironde, au N.-O. de celui de Lot-et-Garonne ; chef-lieu, *Bordeaux*, sur la rive gauche de la Garonne, que l'on passe sur un fort beau pont de près d'un demi-quart de lieue de longueur. Cette ville, ancienne capitale de la *Gascogne*, est la quatrième du royaume par sa population ; son port fait un immense commerce, sur-tout avec l'Amérique.

50. Bassin secondaire de l'Ariége. — Il comprend le département de l'Ariége, traversé par l'Ariége, qui roule des paillettes d'or et joint la Garonne dans celui de la Haute-Garonne; chef-lieu, *Foix*, sur l'Ariége, ancienne capitale du *Comté de Foix*.

51. Bassin secondaire du Tarn. — Il comprend 3 départements, savoir :

Celui de la Lozère, qui doit son nom à une petite chaîne de montagnes où se trouvent les sources du Tarn et du Lot; chef-lieu, *Mende*, sur le Lot;

Celui de l'Aveyron, traversé par le Tarn et par l'Aveyron, qui se joint au Tarn dans celui de Tarn-et-Garonne; chef-lieu, *Rodez*, près de l'Aveyron;

Celui du Tarn, au S.-O. de celui de l'Aveyron; chef-lieu, *Alby*, sur le Tarn.

52. Bassin secondaire du Lot. — Il comprend le département du Lot, à l'E. de celui de Lot-et-Garonne, où le Lot se joint à la Garonne; chef-lieu, *Cahors*, sur le Lot.

53. Bassin secondaire du Gers. — Il comprend le département du Gers; chef-lieu, *Auch*, sur le Gers.

## DÉPARTEMENTS

### *Entre la Gironde et les Pyrénées.*

54. Les 3 départements situés entre la Gironde et les Pyrénées appartiennent en grande partie au Bassin de l'*Adour*. Ces départements sont :

Celui des HAUTES-PYRÉNÉES, au pied des Pyrénées, à l'O. de celui de la Haute-Garonne ; chef-lieu, *Tarbes*, sur l'Adour ;

Celui des BASSES-PYRÉNÉES, au pied des Pyrénées, à l'O. de celui des Hautes-Pyrénées ; chef-lieu, *Pau*, sur le *Gave* (1) ou rivière de Pau, qui se jette dans l'Adour ; ancienne capitale du *Béarn* et patrie du bon Henri IV, qui y naquit le 13 décembre 1557. — La ville la plus considérable du département est *Bayonne*, port sur l'Adour, à une lieue de son embouchure dans l'Océan ; elle fait un grand commerce avec l'Espagne ;

Celui des LANDES, au N. de celui des Basses-Pyrénées, et couvert au N.-O. par des terres sablonneuses et stériles nommées *Landes* ; chef-lieu, *Mont-de-Marsan*.

(1) *Gave* est le nom que les Basques et les Béarnais donnent aux courants d'eau.

## DÉPARTEMENTS

### *Entre les Pyrénées et le Rhône.*

55. Les 3 départements situés entre les Pyrénées et le Rhône, autour du golfe de Lyon, occupent plusieurs bassins côtiers, dont les 3 principaux sont ceux de la *Têt*, de l'*Aude* et de l'*Hérault*, comprenant chacun un département.

56. Bassin de la Têt. — Il comprend:

Le département des Pyrénées-Orientales, au pied des Pyrénées, à l'E. de celui de l'Ariége; chef-lieu, *Perpignan*, sur la Têt; ancienne capitale du *Roussillon*.

57. Bassin de l'Aude. — Il comprend :

Le département de l'Aude, au N. de celui des Pyrénées-Orientales; chef-lieu, *Carcassonne*, entre l'Aude et une branche du canal royal du Languedoc.

58. Bassin de l'Hérault. — Il comprend :

Le département de l'Hérault, au N.-E. de celui de l'Aude; chef-lieu, *Montpellier*, sur une colline à 2 lieues de la mer; célèbre école de médecine.

## BASSIN DU RHONE.

59. Le Rhône sort du mont *Furca* dans les Alpes de Suisse, et coule au S.-O. jusqu'à Lyon, où, s'unissant à la *Saône*, il court au S. se jeter dans le golfe de Lyon. Son bassin se compose du bassin du Rhône proprement dit, et des 2 bassins secondaires : de la *Saône*, sur sa rive droite, et de la *Durance*, sur sa rive gauche.

60. Bassin du rhône proprement dit. — Il comprend 8 départements, savoir :

4 sur la rive droite, qui sont :

Celui de l'Ain, séparé à l'E. de la Savoie par le Rhône ; chef-lieu, *Bourg ;*

Celui du Rhône, dont une très petite partie se trouve sur la rive gauche du fleuve, vis-à-vis de *Lyon*, son chef-lieu, et la seconde ville de France par sa population et son commerce ; ancienne capitale du *Lyonnais ;*

Celui de l'Ardèche, au S. de celui du Rhône ; chef-lieu, *Privas ;*

Celui du Gard, au S. de celui de l'Ardèche ; chef-lieu, *Nîmes*, grande ville qui conserve les plus beaux monuments romains qui soient en France.

61. 4 sur la rive gauche, qui sont :

Celui de l'Isère, séparé au N. par le Rhône de celui de l'Ain; chef-lieu, *Grenoble*, sur l'Isère, ancienne capitale du *Dauphiné*, patrie du célèbre Bayard, surnommé le *Chevalier sans peur et sans reproche;*

Celui de la Drôme, au S. de celui de l'Isère; chef-lieu, *Valence*, qui se prétend aussi ancienne que Rome;

Celui de Vaucluse, au S. de celui de la Drôme, et qui doit son nom à une belle fontaine immortalisée par les vers du poëte Pétrarque; chef-lieu, *Avignon*, sur le Rhône; elle fut pendant 66 ans la résidence des papes, qui possédaient en France le *Comtat*, dont elle est l'ancienne capitale;

Celui des Bouches-du-Rhône, à l'O. duquel se trouvent les principales embouchures du Rhône dans le golfe de Lyon; chef-lieu, *Marseille*, le port le plus commerçant de la France, sur la Méditerranée, et la troisième ville du royaume par sa population.

62. Bassin secondaire de la Saône. — Il comprend 5 départements, savoir :

Celui de la Haute-Saône, au S. de celui des Vosges, où la Saône a sa source ; chef-lieu, *Vesoul* ;

Celui de la Côte-d'Or, dont la partie occidentale appartient au bassin de la Seine, et qui doit son nom à la chaîne de collines qui produit les meilleurs vins de la France ; chef-lieu, *Dijon*, ancienne capitale de la *Bourgogne*, patrie du célèbre Bossuet et du poëte tragique Crébillon ;

Celui de Saône-et-Loire, au S. de celui de la Côte-d'Or ; chef-lieu, *Mâcon*, sur la Saône, renommé par ses vins ;

Celui du Doubs, au S. de celui de la Haute-Saône, traversé par le Doubs, qui le sépare en partie à l'E. de la Suisse, et qui joint la Saône dans le département de Saône-et-Loire ; chef-lieu, *Besançon*, sur le Doubs, avec une citadelle sur un roc inaccessible, foudroyé par Louis XIV ; ancienne capitale de la *Franche-Comté* ;

Celui du Jura, au S.-O. de celui du Doubs, séparé au S.-E. de la Suisse par la chaîne du Jura ; chef-lieu, *Lons-le-Saulnier*.

63. Bassin secondaire de la Durance. — Il comprend 2 départements, savoir :

Celui des Hautes-Alpes, sur la frontière septentrionale duquel la Durance prend sa source ; chef-lieu, *Gap*, au pied de montagnes couvertes de neiges éternelles ;

Celui des Basses-Alpes, au S. de celui des Hautes-Alpes ; chef-lieu, *Digne*.

### DÉPARTEMENT

### *Entre le Rhône et la frontière de l'Est.*

64. Le département situé entre le Rhône et la frontière de l'E. est celui du Var, ainsi nommé d'un large torrent qui, vers son embouchure, sert de limite à la France ; chef-lieu, *Draguignan* ; mais la ville la plus importante est *Toulon*, port sur la Méditerranée, arsenal et chantier de construction de la marine royale.

### ILE DE CORSE.

65. La Corse, située dans la Méditerranée au S.-E. et à 68 lieues des côtes de la France, forme un département auquel elle donne son nom et qui a pour chef-lieu *Ajaccio*, port à l'O. ; patrie de Napoléon.

# TABLE ALPHABÉTIQUE

CONTENANT

Les noms des contrées, royaumes, provinces, îles, caps, montagnes, mers, golfes, baies, lacs, cours d'eau, villes et autres lieux décrits dans cet ouvrage, ainsi que les termes géographiques dont on y donne la définition.

---

NOTA. Les noms des contrées, royaumes, provinces, départements, sont en PETITES CAPITALES, les termes géographiques sont en *italique*. — Les abréviations sont les suivantes; arch. archipel; dép. département; dét. détroit; fl. fleuve; g. ou gol. golfe; gr. groupe d'îles; î. île ou îles; mt. mont, montagne; p. peuple; r. rivière.

## A.

## C.

## H.

## M.

## N.



## O.

## P.

## Q.

## T.

FIN DE LA TABLE.

www.ingramcontent.com/pod-product-compliance
Lightning Source LLC
Chambersburg PA
CBHW060030100426
42740CB00010B/1676

* 9 7 8 2 0 1 3 7 1 6 8 7 1 *